HOW TO READ
CASTLES

歴史的古城を読み解く

世界の城郭建築と要塞の謎を理解する
ビジュアル実用ガイド

マルコム・ヒスロップ 著

桑平 幸子 訳

目次

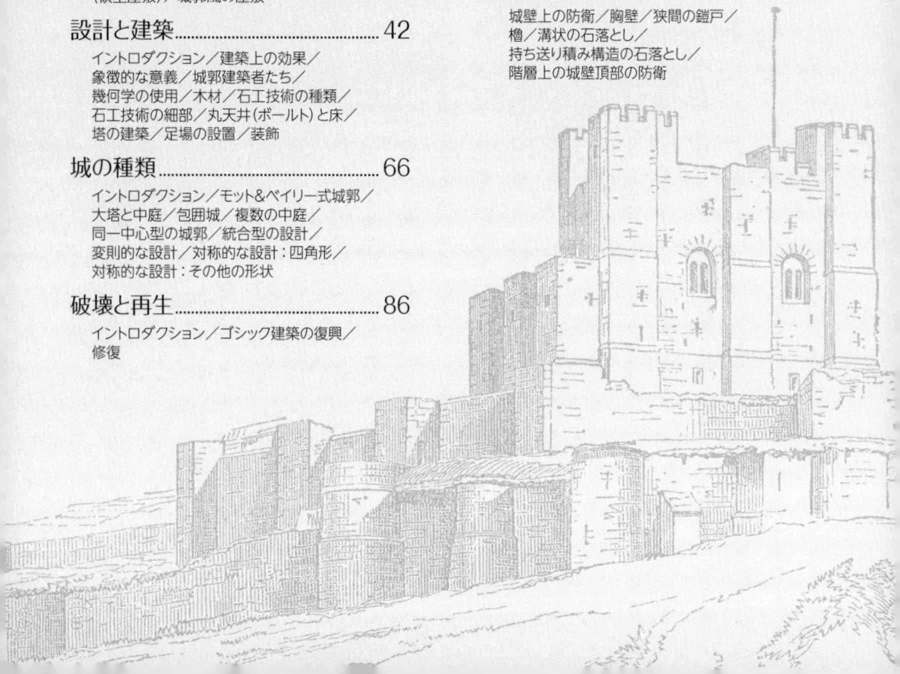

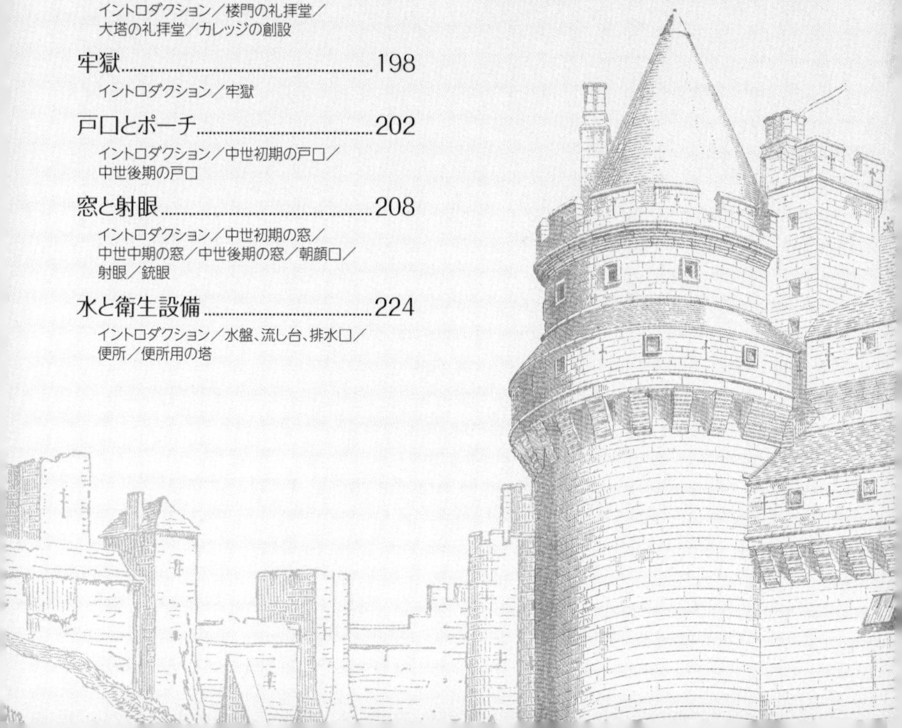

はじめに

衰退した社会の荒涼とした遺物でありながら、周囲の風景の上にそびえ立つ、その荒廃してもなお威風堂々とした城を見ると、わたしたちは身震いするほどの興奮を覚える。外見だけを見れば、一つの城は他の城とよく似ているようで、その土塁、高い城壁、塔や狭い開口部は現代よりも厳しく不穏な時代の過酷さを連想させる。もちろんこれらすべての遺跡には一般的な関連性はあるが、城はヨーロッパで600年以上の間に建築され（900年頃～1500年頃）、発達した設計および建築の概念や、次の世代の必要性に対応した個々の建築物に応じていずれも広く相当変化したことは強調する価値がある。

本書の目的は訪れる人のために城の構成を明らかにすることであり、そのためにそれぞれの城を本文中で解説して掲載する場合もある。その城の目的は何だったのか？　どのように建築されたのか？　どのような働きをしたのか？　本書の第1部は機能、設計、建設、城の種類に関する項目でその対象となる城の概略

カラオラの塔
Calahorra Tower
スペイン、コルドバにあるカラオラの塔は市街地への門口として12世紀にイスラム様式で建築された。この建物は14世紀に大塔に改築された。

UCTION

を説明する。

第2部では城を構成する特徴を解説する。

城を解説するにあたり、立地と構造という2つの局面に留意されたい。多くの城の立地は防衛と周囲の監視が容易であるという観点で選ばれており、高所を占拠する多数の例がそれを物語っている。そうした立地には戦術上の利点はあるが、城の目的も同じく戦略上重要であり、人口分布、通信網と農業生産に関する状況に注目することもその目的を知る手がかりとなるだろう。

城には征服の道具であるものもあれば、所有地の居住、行政の中心として主に平和的意図を持つものもあった。城の構造上の特徴によって、その主要機能が要塞機能だったのか、または住居としての役割が大きかったのかどうかがわかるだろう。塔は居住用だったのか、弓やいしゆみの射手用基地として造られたのか？　窓の特徴は部屋の機能や防衛手段についてわたしたちに何かを語りかけているか？　物的証拠がなければこれらの問いに対する結論を導き出すことはできないだろう。

バンバラ城
Bamburgh Castle
ノーサンバーランドにあるバンバラ城は何世紀にもおよぶ遺跡で、岩場の多い海岸沿いの岬の上に堂々と建っている。自然の防衛力が優れているためにこの場所が選ばれた。

INTRODUCTION
イントロダクション

手がかりを探して
Looking for Clues

城の中には一定の明確な期間に建築されたものもあるが、たいていの城は何世紀にもわたり時代に応じて改築されて、複数の建築期間が組み合わさっている。史実に基づく証拠は多くの場合城の発展の順序についてわたしたちに伝えられるものに限定され、普通はより詳細な建築史を収集できる建物自体の構造内部の手がかりを分析することでわかる。建築ディティール、構造異常、計画概念などすべてが解釈する上での証拠となる。

対照的な設計
Contrasting designs
フランス、ノルマンディーにあるファレーズ城には、イングランド王でありノルマンディー公爵のヘンリーⅠ世によって1120年代に建築された立方形の大塔が現存する。ヘンリーの塔の右側にあるのは、かなり様式の異なる、明らかに別の時代の円筒形のタルボット塔で、城を攻め落としたフランス国王フィリップⅡ世オーギュストによって13世紀初頭に建てられた。これら2つの塔の異なる特徴は、ファレーズにおいて少なくとも2つの重要な建築期間があったことを示している。

失われた建物の証拠

Evidence of lost buildings

石細工の異常は時として以前に結合していた構造物の存在を示す。ヨークシャーにあるスカーバラ城では、12世紀中期の大塔の表面から入り口の両側に突き出た壁の短い突出部によって、本来入り口は取り壊された防衛用の前方の建物内部に含まれていたことがわかる。

改築された建築物

Remodelled structures

設備を新しくする際に煉瓦職人たちは以前の建物の断片を新しい建築物の中に取り入れることが多く、これらを利用して城の歴史をたどることができる。その一例としてノーサンバーランドにあるワークワース城の大広間内には12世紀に塞がれた暖炉の遺跡があり、15世紀には部分的に再建された。

石工技術

Masonry techniques

石細工の対照的な特質によって建築物の異なる建築時期を判別できる場合が多い。ノーサンバーランドにあるアニック城の幕壁は異なる石工技術によって識別される、少なくとも2つの異なる建築時期があったことを証明している。右側に見られる12世紀の石細工は水平に積まれた四角い石材で構成され、左側のその後の石細工や再建された胸壁とその上の小塔とは明らかに対照的である。

CASTLES

第1章

城の基礎知識

イントロダクション

城には2つの主要機能があった。一方では防御、攻撃の両面を備えた要塞であり、他方では特に騎士階級に関わりのある貴族の居住地だった。この軍事的役割と居住施設としての役割の組み合わせが城の建築学上の特性を決定し、他の形状の建築物とは一線を画した。その両面はつねに存在するが、その相対的な重要性は、軍事色の強い特性の城もあれば、別の城は主に居住用であるという範囲内で大きく変化した。城の正確な機能を特定することは研究者にとって最も満足感を覚える仕事の一つである。

アルク・ラ・バタイユ城
Arques-la-Bataille
フランス、ノルマンディーのディエップ近郊の丘の上に建つアルク・ラ・バタイユ城は、ここではおそらく12世紀の形状で描かれているが、起源は11世紀である。城の防衛形態は矢来を巡らせた土手、溝、間隔を置いて塔が並ぶ石造りの幕壁を備えた城郭である。これに対し、内部の居住用建物には防衛機能はない。例外は大塔で、居住用、防衛用の収容機能を兼ね備えていた。

当時の絵画

A contemporary view

中世の写本から抜粋したこの絵には当時の城の持つ2つの特性が描かれている。狭間付幕壁、尖塔、落とし格子で防衛する人目を引く楼門。この要塞内部には高い窓と1本の煙突を備えた大きな居住用建物がある。居住と防衛という2つの要素が調和して等しく重要であることを表している。

ベルベル城

Bellver Castle

居住と防衛の要素が一体化した建築上の概念を形成する城の一例は、マリョルカ島のパルマ付近にあるベルベル城である。ベルベル城では中庭を取り囲むように城の溝付の外壁が部屋と一体化して並んでいる。これは城の構造が単一体として設計されている証拠である。

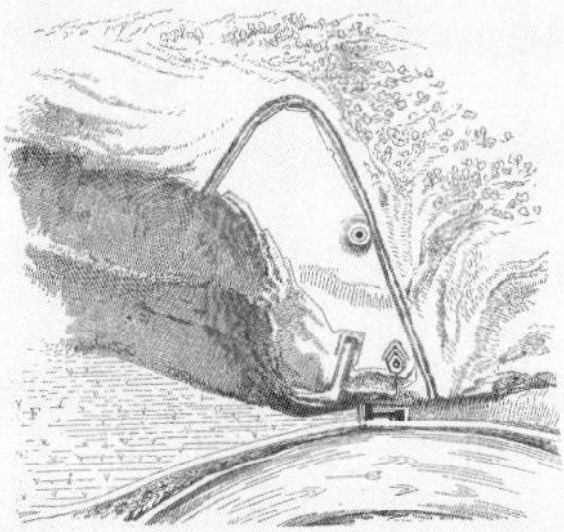

ラ・ロッシュ=ギヨン城(上図、右図)

Château de La Roche-Guyon

フランス北部にあるラ・ロッシュ=ギヨン城には2つの異なる要素がある。城の居住用建物(15世紀)は崖のふもとを流れるセーヌ川の側に建つ。崖上にあり、1本のトンネルで城の低層部と連結されているのは、明らかに軍事的特徴を備えた12世紀後期の城である。城の低層部の防衛を目的とするこの建物は溝付の城壁内部に設置されている。

ラ・ロッシュ=ギヨン城のこの絵は城の上層部とトンネルの最高部の縦断面図を表す。軍事色の強い城の上層部には、広い戦闘用砲座、狭間、射眼を備えた、接近して建つ2枚の腰巻壁内部にドンジョンが建っている。ドンジョンには複数の宿泊設備があるが、本来はそこから防衛を指揮する監視塔だった。

ノルマン人の勢力拡大

Norman Expansion

イングランド征服

Conquest of England

バイユー・タペストリーから抜粋したこの場面は、ヘースティングズでのウィリアム征服王による第2のイングランドの城の建築風景を描いている。これは建設中のモット（城を築く小高い丘）を表し、モットは現在の城にも現存する。12世紀の出典によると、ヘースティングズ城に使用された材木はフランスのノルマンディーであらかじめ製造され、侵攻艦隊でイングランドへ輸送されたと記されている。

城郭建築は、フランス北部ノルマンディーの、政治上では無名の公国の住人であるノルマン人の軍事的冒険を通じて11世紀に急増した。ノルマン人といえば、ウィリアム公爵の支配下で、彼の侵略軍がサセックス海岸のペヴェンシーに上陸した1066年のイングランド征服がおそらく最も有名だろう。バイユー・タペストリーは彼らのイングランド征服を鮮やかに描いているが、もうこのときには冒険好きなノルマン人の軍隊はすでに自力でイタリア南部に進軍して、イタリア半島の南半分を含むシチリア王国の建設に着手しようとしていた。イタリアからノルマン人の派遣部隊一隊が第1回十字軍に出発し、アンティオキアの町を拠点に公国の建設に着手した。

ホワイトタワー
The White Tower

ロンドン塔はウィリアム王によって征服後に建設された初期の要塞の1つだった。ローマ様式の城壁の一角に建てられたのは、当時の不朽の名建築ホワイトタワーの遺跡だった。おそらく1070年代に建築が始まり、1100年までに完成したホワイトタワーはそれ自体が要塞だったが、豪華な居住施設もあり、政治権力を誇示していた。

クーバ城
La Cuba

12世紀初期には、ノルマン人たちはノルマン人、ギリシャ人、イスラム教徒の影響が混在する豊かな国際国家のシチリア王国を築いた。1180年頃、シチリア国王グリエルモⅡ世のために建築されたクーバ城は平面図では四角形で、3つの側面から正方形の小塔が前方へ突出している。その設計はノルマン様式の主塔と同じだが、外壁上の日除け付拱廊構造や内部装飾はおそらくイスラム教の職人によるものである。

アンティオキア
Antioch

1098年に侵略してきた十字軍によってトルコから奪われた古代都市アンティオキア、現在のトルコ南部は、第1回十字軍の間に、イタリア系ノルマン人王朝の子孫ボエモンI世によって発見されたキリスト教徒の公国の中心地となった。ビザンティウムの住民たちが6世紀に町を要塞化し、10世紀後期には防衛力を回復させた。1090年代にはこうした要塞が十字軍には手ごわい障害となり、町を陥落させるには裏切り行為しか手段がなかった。

十字軍 *Crusades*

キリスト教界の聖地を侵攻、占拠、維持するために1096年に始まった第1回十字軍の結果、多数の独立国家が建設された。城郭は占拠した領土を保持する重要な役割を果たし、中東およびヨーロッパでの城郭建築の発展に刺激を与えた。こうした要塞型の城はたびたび城主が変わるため、ヨーロッパ様式だけでなくイスラム様式やビザンティン様式の特徴も表れている。城の多くは聖地へ向かう巡礼者たちを保護するために結成された修道士の軍隊や組織が占有し、その主なものにはテンプル騎士団、聖ヨハネ騎士団、ドイツ騎士団がある。

クラック・デ・シュヴァリエ
Krak des Chevaliers

四角形の城壁塔を備えた包囲型城塞として1142年～1170年に建築されたシリアのクラック・デ・シュヴァリエには並外れて優れた防衛力がある。13世紀初期には、この城は円筒形の城壁塔を結合した新しい外壁を周囲に巡らせて12世紀の中心部分を包囲することで拡張された。内壁が外壁を見下ろすようにした結果、城の防衛力が非常に強化された。

マルガット城

Margat Castle

地中海を見下ろすシリアの丘の上に建てられたマルガット城は1186年には聖ヨハネ騎士団に掌握された。城や要塞だけでなく街をも包囲するその防衛力は13世紀に強化された。この城には南側の先端に円形のドンジョンがあり、幕壁と一体化している。城壁は高くそびえ、外壁を見下ろしている。

ソーヌ城

Saone Castle

10世紀にはイスラム教徒に、975年以降はビザンティン人に掌握されたシリアのソーヌ城は12世紀初期には十字軍に占拠されて、1188年にサラディンが奪取するまで彼らの支配下にあった。城と城下町は山脚を占領し、その東端を横断する巨大な溝を掘って十字軍を孤立させた。ここに示す主要な防衛用建築物は四角形の居住用の塔と、主に軍事機能を備えた円筒形の小塔の両方が合体している。

コロッシ城

Kolossi Castle

第3回十字軍の間の1191年に獅子心王リチャードI世のキプロス征服によってこの島は十字軍国家の勢力範囲内に組み込まれた。大陸の国家がイスラム教徒の手に落ちた後もキプロス王国は長い間生き残り、軍の指令で司令部を移した先がキプロスだった。聖ヨハネ騎士団は1212年にコロッシ城を譲り受けた。城の主な特徴は1460年頃の四角形の大塔で、貯水槽、台所、貯蔵室、大司令官の宿所を備えた自給式の建物である。

ヨーロッパにおける戦争
Warfare in Europe

　常に戦争の準備をすることが十字軍国家の不変の特徴だったように、ヨーロッパの各所でも絶えず戦争が続き、多くは宗教の違いが引き金となっていた。イベリア半島では、イスラム教徒に占拠された地域をキリスト教国家が再征服する戦いが8世紀から15世紀まで続いた。ヨーロッパ北東部では、聖地での十字軍国家の衰退後、ドイツ騎士団がバルト諸国と国境を接する異教徒の領土征服に全力を注ぎ、その際に強力なキリスト教国家を築いていった。これらの両地域では、ここに示す具体例のように、征服した領土への支配権を維持するうえで、城郭は必要不可欠な武器だった。

ポンフェラーダ城
Ponferrada Castle
スペインのかつてのレオン王国を流れるボエサ川とシル川の合流地点に位置するポンフェラーダ城は、サンティアゴ・デ・コンポステーラを訪れるキリスト教徒の巡礼路上に建っていた。11世紀後期にシル川に橋が架かると、川と橋を見下ろす丘の上に建つこの城はおそらくこの巡礼路を保護する目的で配置された。城は12世紀後期にはテンプル騎士団へ譲渡された。

アビラ城塞

Ávila

スペインのアビラ城塞は1085年にイスラム教徒からトレドを奪取後まもなくブルゴーニュのレモンによって建築された。要塞都市としての主要な役割は軍隊が安全に集結できる防衛可能な基地を提供することだったのだろう。円筒形の塔はこの形状の珍しい初期の例である。

サン・セルバンド城

San Servando Castle

タホ川(テージョ川)の東側で、スペインのトレドの町の反対側に建つサン・セルバンド城はアルカンタラ橋を見下ろしており、戦略上それを非常に重要視していた。本来は修道院だったこの城は、町へ流れ込む東側の川を防衛するためにペドロ・テノリオ大司教によって1380年代に再建された。

マルボルク城

Malbork Castle

ポーランド北部のマルボルク城は14世紀初期から1457年までドイツ騎士団の本部だった。川に面した建物の背後には、1276年～1300年頃に建築の上城(高城)(右側)には主な住居施設があり、1310年～1350年頃に建築の中城(左側)には来客用宿泊施設があった。

騎士団のホール：マルボルク城

Hall of the Knights: Malbork Castle

ドイツ騎士団の城としてのマルボルク城は修道院でもあり、来客をもてなすことも役割の一つだった。1318年～1340年頃に非常に装飾的様式で大規模に建築された騎士団のホールは、来客や訪れた騎士団のメンバーのための大食堂だった。

ロシア人の勢力拡大
Expansion of Russia

モスクワ城塞
Moscow Kremlin
11世紀に建設されたモスクワ城塞はモスクワ川の北岸の高所を占拠している。赤レンガの壁は、モスクワ大公国がモンゴル宗主権から独立した直後の1485年～1495年にモスクワ大公イヴァンⅢ世のためにイタリア人建築家たちによって建設された。

ヨーロッパの東側周辺にはスラブ人の公国があり、かつての領土は現在ではロシア連邦の勢力下にある。ロシアの城郭の起源は、中世初期のキエフ大公国が崩壊して多数の封建制の公国となり、その結果小規模の支配勢力の増加におそらく端を発するだろう。同じようなさらに西側のヨーロッパの支配勢力と同じく、これらの立派な城郭は時として町の成長を早め、その結果それらは要塞または城塞となった。15世紀後期にモスクワがモンゴルの大君主の地位を投げ打って勢力拡大を開始すると、城塞は拡大する領土を固める役割を果たした。

(A) ニコライ門
(B) 救い主の門
(C) 裏門
(D) 森林の門
(E) 三位一体の門
(F) 女子修道院
(G) 修道院
(H) ニコラス宮殿
(I) 鐘楼
(J) 鐘の皇帝
(K) アルハンゲリスク大聖堂
(L) ブラゴヴェシチェンスキー
(聖母受胎告知)大聖堂
(M) 大宮殿
(N) ウスペンスキー
(聖母昇天)大聖堂
(O) 聖コンスタンティン

モスクワ城塞(平面図)

Moscow Kremlin

城塞の壁は南にモスクワ川、西にその支流であるネグリンナヤ川の流れる歪な三角形の空間を包囲している。町からの主要門は東側にある。この城塞内には2つの宮殿、3つの大聖堂、修道院と女子修道院、管理棟、兵舎がある。

カザン城塞

Kazan Kremlin

麓でヴォルガ川とカザンカ川が合流する丘の上にはカザンの城塞が、モンゴル人によって破壊された12世紀の要塞の跡地に建っており、後にイスラム教のカザン・ハン国の要塞として再興された。カザンは1552年にロシア人によって征服され、その城塞は円形と四角形の塔を組み合わせて再建された。

ニジニノヴゴロド城塞

Nizhny Novgorod Kremlin

ニジニノヴゴロド城塞はヴォルガ川とオカ川が合流する戦略上非常に重要な地点に建っている。ヴォルガ川対岸からの見る城塞のこの景色が示すように、この城は戦略上重要な好立地にある上に、合流点を見下ろす丘の上の戦術上有利な場所を占拠している。

日本における戦争
Warfare in Japan

大阪城
Osaka Castle
大阪城は人工的台地上の淀川の三角州に建てられている。大きな外郭が城主の住居を含む内郭を取り囲む。それぞれに橋が架かる4つの城門を通じて外郭に進入できる。内郭には入口がわずか2カ所しかない。この城の長所は急勾配の古びた石造りの擁壁と水をたたえた深い濠にあった。

城郭は主にヨーロッパ文化に関連するが、類似する建築物が中世やそれ以降の世界の別の場所で見られた。日本では中世のヨーロッパと似た状況を生み出した社会があり、そこでは城が繁栄した。日本の城はヨーロッパの城と、共通の概念を適用してある程度の類似性を示すために興味深い類似点はあるが、それでも相当異なる建築様式を表している。騒乱の戦国時代（1467年～1603年）は城郭建築を大きく後押しした。大阪城や名古屋城を含む有名な日本の城の多くは大塔（天守閣）が再建されて特徴となった16～17世紀にさかのぼる。

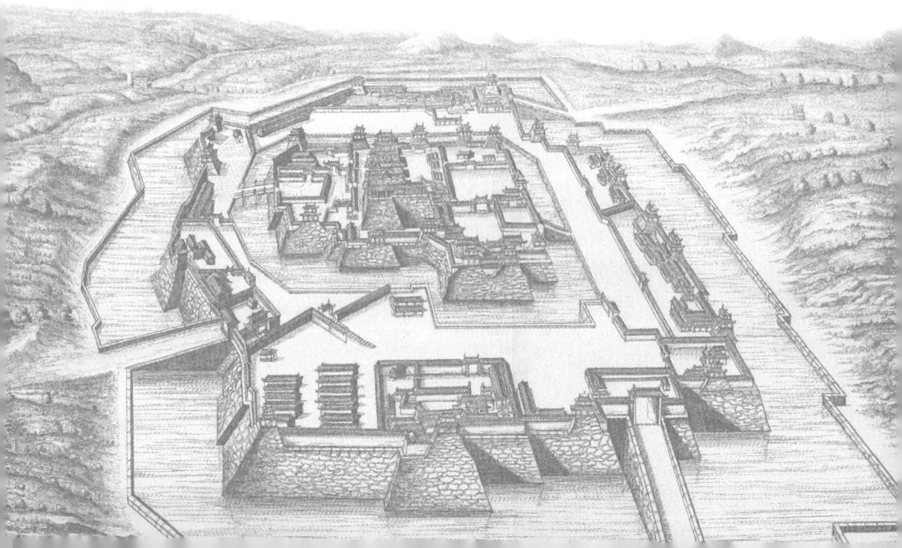

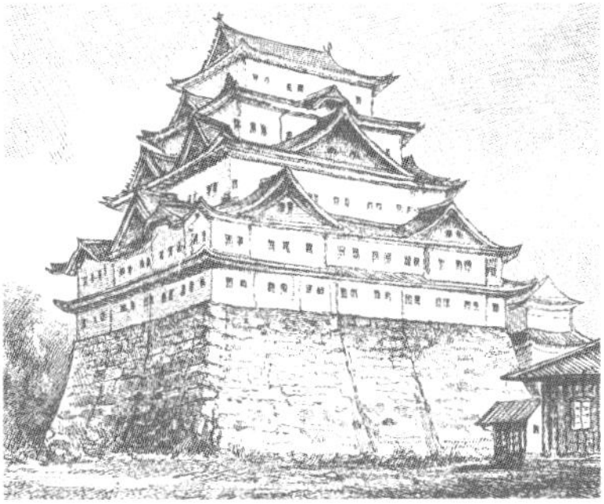

名古屋城
Nagoya Castle

名古屋城は尾張の国の新行政府として将軍徳川家康により再建された。天守閣は城主の私室の一部となっていた。つまりこの城は防衛に関するよりも完全な住居用の建物だった。

江戸城
Edo Castle

江戸城は日本の城の中で最も政治的に重要な城の一つだった。この城は将軍の住居で、後には皇居となった。一連の濠や城壁で包囲された広大な複合建築物であり、入念に統制のとれた階級制に応じて配置された住居施設を備えていた。

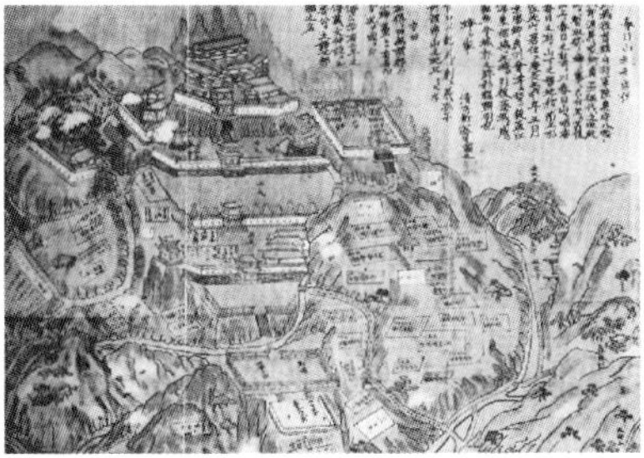

春日山城
Kasugayama Castle

多くの初期の日本の城は要塞化を強化するために自然の特徴や地形を利用していた。春日山城は山城で、山が一段ずつ上がる階段状になって一連の外壁となり、城主の住居がある内郭へと通じている。

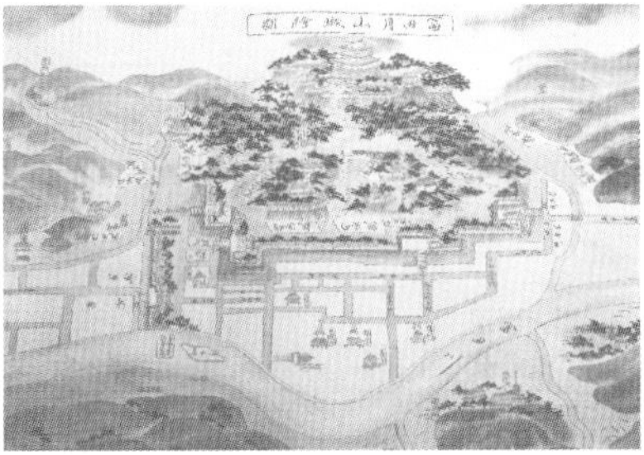

月山富田城
Gassan Toda Castle

月山富田城で卓越しているのは中庭の台地の側面と建物（天守閣を含む）の基礎に傾斜のある石造りの擁壁を使用したことである。そのような擁壁の傾斜特性が、山の形状を石細工の設計に反映した山城を想起させる。

輸送路 *Communications*

多くの城の戦略上の目的は、陸路であれ水路であれ、重要な輸送経路を支配することだった。これは軍事目的のため、または旅人から通行料を取り立てるためだったのだろう。1187年以降、十字軍国家の戦略家の思考は軍事目的に影響を受け、当時の十字軍国家は東方へ向かうイスラム教勢力に非常に無防備な、狭い沿岸の細長い聖地に縮小されていた。城に適した場所は川の横断場所で、そこでは橋の建設や渡し船の運航によって通行料を徴収する機会があった。ライン川のように航行可能な水路は、近隣地の領主たちから収入が得られる可能性のある輸送の大動脈を形成した。

通行料金所
The toll station
ドイツのライン川沿いにある城の多くはこの重要な水路の利用者から通行料を徴収する目的で設置された。1327年にバイエルン人のルートヴィヒ国王によって建設されたプファルツグラーフェンシュタイン城は川の中にある島に建てられ、その役割に最適だった。

河川横断

The river crossing

ケント州のロチェスター城はノルマン人の征服後まもなく建築された。この城はウォトリング街道として知られるかつてのローマ人の街道の一部であるロンドン～カンタベリー間の主要道路上に位置していた。その戦略上の目的はメドウェイ川上の航行を支配することだった。城の幕壁は1080年代に再建されて、12世紀初期には大塔が建設された。

地域の交差路

The regional crossroads

スタッフォードシアとダービーシアの州境にあるタットベリ城は1068年～1069年頃にヒュー・ダブランシュによって建築された。ダヴ川を見下ろす見晴らしのよい丘の上に建つこの城の戦略上の目的は、その地域内での南北、東西、両方の輸送路を支配できる拠点となることだった。

沿岸の道路

The coastal road

かつてのエルサレム王国のアスリットにあったペルラン城はカエサレア～アッコ（アクレ）間の道路を守るために1218年に建築された。岬の細い地形を横切る大きな溝の掘削によって本土から切り離された海岸沿いの岬に立つこの城には港があり、海岸で食料の積み込みや乗員が交代で休憩をとることができた。13世紀の終わりに王国が消滅するまでテンプル騎士団が保有していた。

初期の攻囲戦
Early Siege Warfare

ディナン城
Dinan Castle
バイユー・タペストリーは1064年頃のフランス、ブリタニーにあるディナン城でのウィリアム王のノルマンディー攻撃を記録している。この城は矢来と塔で包囲された土手と溝のあるモット（小さな丘）として描かれている。この襲撃は大部分が槍で武装した対抗勢力との従来型の戦闘として描かれている。

12～13世紀の城郭建築の発展は攻囲戦技術の進歩と非常に緊密な関係にあった。多くの初期の城郭では木造の防衛力はそれほど脅威ではなかったかもしれないが、攻囲戦術に不慣れな敵が相手では防衛側が明らかに有利だった。戦時の城の役割が強化されると、軍事技術者は自分たちが立ち向かう障害を克服することに心血を注いだ。そして攻囲戦技術がより効果を発揮するようになると、さらに防衛力を高める必要があった。

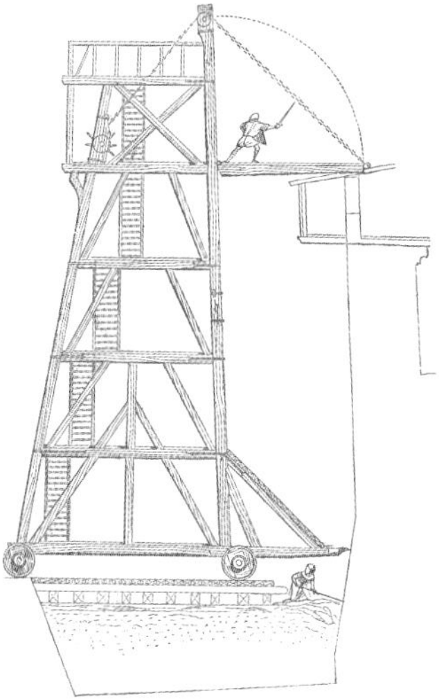

ベルフリー（可動攻城塔）の使用

The belfry in use

数階分の高さで大勢の人間を収容できるこうした道具が城郭の幕壁上にそびえ立ち、包囲軍が城内に飛び道具を発射することができた。ベルフリーによる襲撃準備として城の周りの溝をすべて埋めて平らにする必要があった。

ベルフリー（断面図）

The belfry (cross-section)

ベルフリーは車輪上に材木の枠組みを組み合わせた建造物で、木造の城に固定した塔に似た移動式の攻囲塔である。武装兵士が頂部付近の跳ね橋を渡って敵の城の胸壁に接近することができた。

破城槌《はじょうつい》

The ram

破城槌は木製の門や扉を打ち破るために使用された古い起源の武器だった。本来は筋力に頼った簡単な装置だったが、木工品の枠組を利用するとかなり効果的になった。枠組から吊り下げた支柱によって、破城槌を以前にも増して勢いのある大きな力で、しかも労力を節約して障害物に繰り返し振り動かせるようになった。破城槌の先端は割れないように鉄の蓋で強化された。

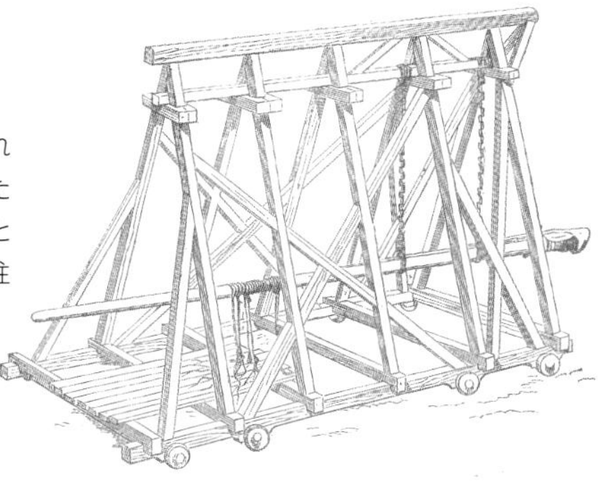

砲撃と掘削工事

Bombardment & Mining

中世の軍事技術者は、砲撃を加え続けることで包囲した要塞を弱体化させるために駆使する多数の砲撃武器を自在に所持していた。これによって物理的にも精神的にも危害を加えることができた。最も効果的だったのは総称語がペトラリー（投石器）（訳注：ラテン語のペトラ（石）が語源）として知られる大投石器であり、住民だけでなく城の建築物にも攻撃が可能だった。石を飛ばすだけでなく、病気を蔓延させたり混乱に陥れたりする目的で、城内に動物の死骸やその他の不気味な荷を投げ込むために使用されることもあった。それとはまったく別の、決して広範囲に用いられなかったが効果的な戦術は、防壁の下に坑道を掘って城へ接近するトンネルの掘削だった。

大投石器

The mangonel

大投石器は巨大な石弓だった。一端には、大投石器の枠組の片側から反対側へ伸びる一かせのロープの間に木製のアームが設置された。ロープはきつく巻かれていて、アームは水平棒によって垂直の位置に保持された。次にアームの自由端にあるカップが引き下ろされて、固定して荷が乗せられた。カップを解き放つと元の位置に勢いよく戻って、飛び荷が標的に向かって飛んで行った。

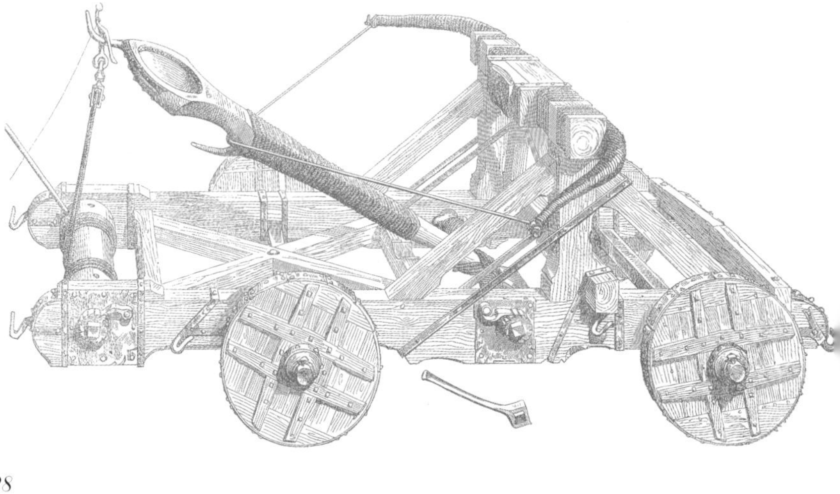

掘削工事

Mining

攻囲戦で最も恐れられる効果的な方法の一つは要塞の下にトンネルを掘ることだった。掘削工事は地下での作業だったため、防御側には秘密裏に進めることができ、包囲側には奇襲を仕掛けるという利点を与えた。1215年の攻囲戦の間、ケント州ロチェスター城の主塔の一角がトンネル工事で崩落した。

投石器

The trebuchet

12世紀には釣り合いおもりの原理で作動する新しい機械が開発された。その仕組みは大投石器よりも単純で、性能はより信頼できるものだったが、投石器はかなり大型だったために機動性は低かった。また多額の投資が必要だった。

投石器の準備

Preparing the trebuchet

投石器のこの例図は1230年頃の『ヴィラール・ド・オンヌクールの画帳』からの抜粋である。旋回軸で回転する大棹の右側端部に取り付けられているのは投石器で、飛び荷が詰められて2本の支持梁の間に配置されている。棹の左側端部には石または他の重量物を満載した箱があり、高く掲げられて解放される準備が整っている。

建築学的反応
Architectural Responses

攻囲戦の進歩によって城郭建築家の間ではある反応が生まれ、その結果、より科学的な防衛方法が生まれた。初期の城郭では城壁塔は単独で配置されていたが、この当時は幕壁上の支配を最大限にするために、より整然とした形状で配備された。四角形の塔が円筒形の塔に取って代わられ、円筒形のほうが掘削に強く、砲撃をそらすことができ、射眼を用いてより広範囲の射界を好適に生み出していた。城郭の防壁の進歩は攻撃される経験に直接関係していたが、防衛体系の大部分はさらに理論的で、その真価を問われることは一度もなかったかもしれない。

ゲイラード城
Château Gaillard
フランスのノルマンディーにあるゲイラード城は非常に戦略的な場所にあり、当時の軍事建築物で最も考え抜かれた城の1つだった。1196年～1198年に獅子王リチャードによって建築されたこの城はセーヌ川の上約91.5mの高台に建っている。それは攻囲戦に精通した非常に経験豊かで先見の明のある兵士の業績だった。その軍事的特徴はほぼ疑いがない—この城は攻撃に反撃する目的で設計された。

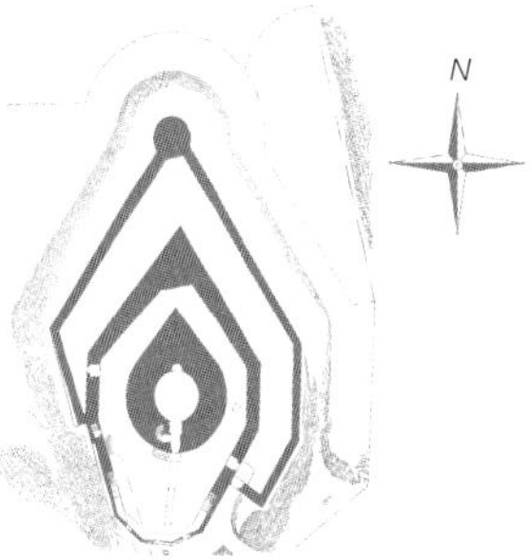

攻撃をそらすデザイン：ラ・ロッシュ=ギヨン城(平面図)

Deflective design: La Roche-Guyon

ゲイラード城は1190年頃にセーヌ川を見下ろす崖の上に建てられたラ・ロッシュ=ギヨン城におそらく影響を受けたのだろう。先端の尖ったドンジョンと同一中心の防壁の2本の直線が流線形なのは、おそらく敵の攻撃をそらす特性を最大限に高めて、投石器の射手には狙いづらい標的とするためだろう。

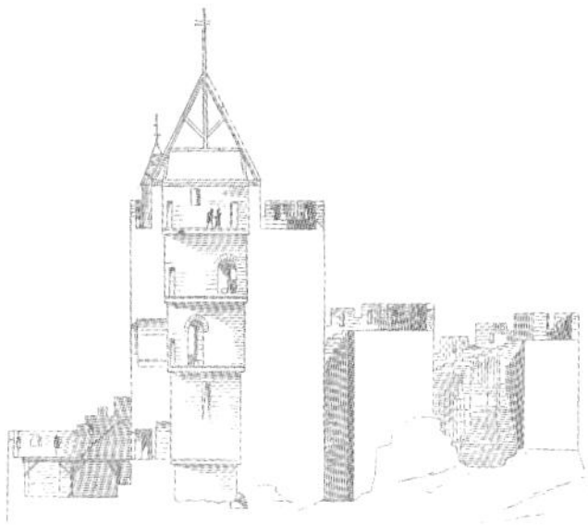

ドンジョン：ラ・ロッシュ=ギヨン城

Donjon: La Roche-Guyon

先端の尖ったドンジョンと幕壁によって相当な厚みと強度のある突出部が生まれ、投石器に直接攻撃される可能性が低下した。ドンジョン前方にある二重の幕壁が次の世紀に出現する集中型要塞の進化の原型となった。

郭壁：ゲイラード城

Bailey wall: Château Gaillard

ゲイラード城の最も斬新な特徴の1つは、一連の円筒形の突出部を含む内郭壁である。これらの特徴が壁を強化し、その表面を細分化し、砲撃をそらす能力が向上し、より広い射界が得られた。

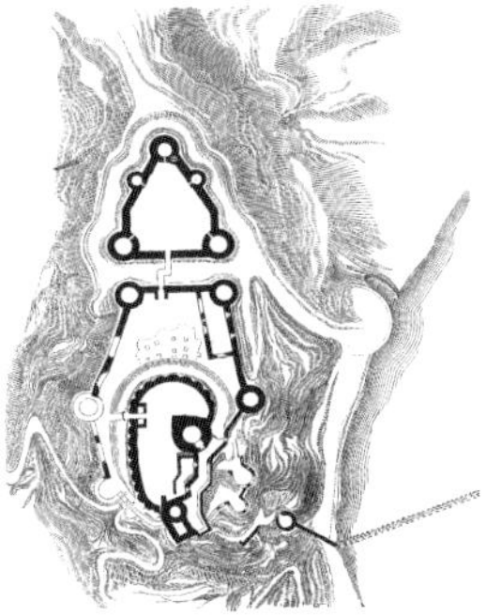

防壁の配列：ゲイラード城(平面図)

Defence sequence: Château Gaillard

ゲイラード城には川の上の険しい崖を含む3方向に自然の防壁がある。1カ所の開けた進入路は山の突端の細い地形を横断して遮る溝と、互い違いに配列した城門と連結した一連の3つの外壁で防御されていた。外郭内では前方に突出した主塔がその進入路に面していた。

大砲の衝撃
Architectural Responses

中世後期には砲術が発達して城の設計に変化が表れた。14世紀初期には大砲は使用されていたが、小型口径の対人用武器だったために、従来の城で射撃孔の出現を早めたこと以外に城郭建築物にはほとんど影響がなかった。銃の口径が大きくなり、破壊能力が増大するにつれて、15世紀にはその脅威に対抗するために、古い防壁の周囲に外塁または『堡塁』が急ごしらえで建築されていた。新しい要塞の建築家たちは防衛用、敵への反撃用として設計の段階で大砲を考慮し始めた。

大砲の威力

Cannon Power

1641年、ドイツ南部のバーデン-ヴュルテンベルク州にあるホーエントヴィール城のスペイン軍による攻囲戦の様子を描いたこの絵では、砲術の発達が中世の攻囲戦で使用されたどの方法よりもはるかに大きな脅威の原因となったことを強調している。大砲の威力はその広範囲で高い破壊能力において中世の攻囲兵器に勝り、そのため安全な距離から実害を負わせることで標的を『軟化させる』ために使用することができた。

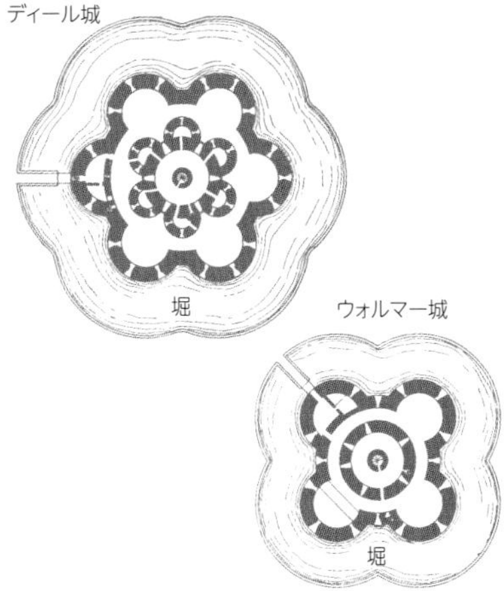

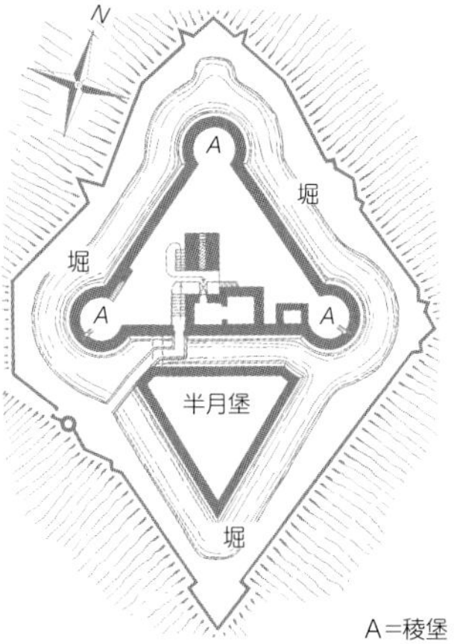

砲撃要塞(平面図)

The artillery fort

ヘンリーⅧ世とローマカトリック教会の断絶によって1539年〜1543年に海岸沿いの砲撃要塞が相次いで建設された。これらの城は小型で低く、何列もの射撃武器が集結していた。ケント州のディール城とウォルマー城はその典型であり、平面図は幾何学図形で、円を基本とした大型の砲床用稜堡《りょうほ》が設置された。防壁は同一中心で、さらに高層の中央部分が外側防壁を見下ろしている。ディール城には4列の大砲を配備できた。

隅部の稜堡(平面図)

The angle bastion

1493年頃にロレンツォ・デ・メディチのために設計されたイタリア北部のサルツァーナ城は、砲撃に対抗して隅部に稜堡を設けて設計された要塞の初期の一例である。正三角形を基にした平面図で建築されたこの城には、幕壁越しに側射を行いやすいように各隅に円形の稜堡がある。南側のやや新しい外塁も三角形で、半月堡の最も初期の例であり、急襲を中断するように工夫された設計である。

時代に適した城 : ボナギル城

Adaptation: Château Bonaguil

フランス南西部にあるボナギル城は防衛力を再構築して火薬の時代に適応した。この13世紀の城には1400年代後期から1500年代初期に増改築が行われた。先細りの多角形に再建されたドンジョンは内郭の東側を形成し、隅塔が東と西に追加された。この中心部の周囲には稜堡、射撃孔、砲台を備えた第2の低い幕壁が建築された。

王宮 *Royal Palace*

ウィンザー城
Windsor Castle

1070年頃、征服王ウィリアム王によって建築されたウィンザー城は11世紀の終わりまではイギリス国王の主要な住居となっていた。エドワードⅢ世によって1350年～1368年に実施された大改築の間、北側の中庭内にある国王の住居が改良され、上郭に建っていた12世紀のシェル・キープ（主塔）は中庭の邸宅に改築された。

　要塞として重要な王宮には国王の私邸も含まれていた。そのため趣向を凝らした住居となり宮殿のように豪華になる可能性があった。中には住居の場所が政治上好都合だった城もあるが、おそらく主要因だった立地のせいで娯楽施設となった城もあった。中世を起源とする複数の王宮は後世で人気を博し、その設備は時代に適応して近代的になった。結果的に、後世の建物の特徴の多くは先の時代の建物に影響されているものの、中世の設計を見分けることは必ずしも簡単ではない。

ブダ城

Buda Castle

13世紀以降ハンガリーのブダには王宮があったが、15世紀初期にジギスムント国王によって宮殿の規模に改築された。1410年に彼が次期神聖ローマ皇帝に選任されるのと同時期で、これはおそらく高い地位に就いたジギスムントにふさわしい住居を提供するために着工されたのだろう。この城はドナウ川を見下ろす高台にあり、外壁は下の川まで伸びている。

ヴァヴェル宮殿

Wawel Royal Castle

ポーランドのクラクフにあるヴァヴェル城には大聖堂と王宮の両方がある。この城は14世紀に再建されたが、1499年の火災により、ジギスムントⅠ世は再度改築して豪華なルネッサンス様式の宮殿を建てる好機を得た。

ルーヴル宮殿

The Louvre

フィリップⅡ世(尊厳王)によって1190年～1202年に建築されたパリのルーヴル宮殿は円筒形の隅塔とドンジョンを備えた四角形の城だった。1364年に熟練石工のレイモンド・テンプルがチャールズⅤ世のために王宮の形に建て替えた。重要な建築上の特徴は、小塔内部にある大きな螺旋階段と、北側の敷地内に建つ新しい住居棟と一新されたドンジョンを結ぶ回廊だった。

貴族の城 *Baronial Stronghold*

　君主は通常領土内で最も偉大な城主であり、城の大多数は世襲貴族が所有していた。中には複数の城を所有する貴族もいたが、広大な領土を所有する最高君主の城とはかけ離れており、領主が生活基盤を置く特定の地域に限定されることが多かった。王宮が国王の尊厳の象徴だったように、その部下の貴族たちの城も彼らの領地内で富と権力を誇示していた。

クーシー城
Château de Coucy
フランス、ピカルディーのクーシー卿であるアンゲランⅢ世は1225年頃から歪な形の高原に先祖伝来の邸宅を再建した。彼の軍人らしい勇敢さと、紛れもなくイギリス・フランス両王室を家系に持つ自身の重要性を主張する強い意志が城の規模に反映されている。この城はここに示す密集した内郭だけでなく、広大な外郭や要塞化した町でも構成されていた。城を見下ろす円筒形の大塔はヨーロッパ最大を誇った。

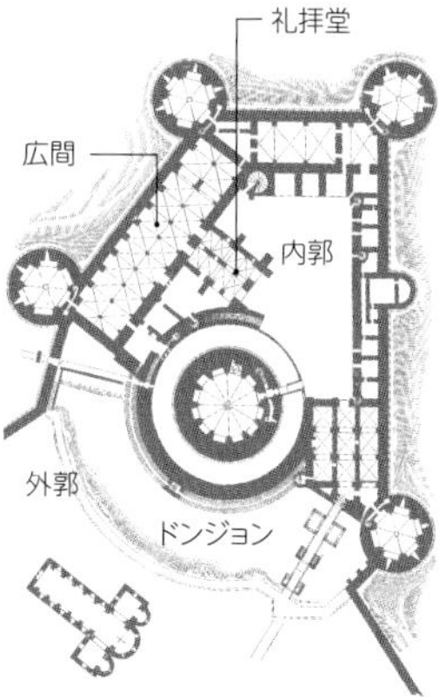

内郭：クーシー城（平面図）
The inner ward: Château de Coucy
玄関を見下ろすのは巨大なドンジョンで、それを取り囲む腰巻壁は幕壁の一部を形成している。隅塔も4基あった。内郭への進入路はドンジョンの東側の城門を通る経路で、要塞化した橋を通って接近し、一対の落とし格子で防御されていた。一本の通路が中庭へ、さらに主要な居住施設へと通じていた。

城主の住居：クーシー城
The lord's residence: Château de Coucy
最高級の住居棟がある内郭は城主の住居だった。城の最も奥まった場所に城主の住居を配置することは城郭設計ではよく見られる原則だった。右側には礼拝堂、左側には外郭からの城門、その間にドンジョンがある。

ケニルワース城
Kenilworth Castle
1120年頃に建てられたケニルワース城は大きな人造湖に守られた非常に戦略的な要塞となり、13世紀にはレスター伯爵シモン・ド・モンフォール、14世紀にはランカスター公爵ジョン・オブ・ゴーントなど、イングランドで最強の男たちが所有していた。

ブルク・エルツ城
Burg Eltz
時として城郭は共同所有下に置かれ、家系の違う分家用として独立した居住施設が必要となった。ブルク・エルツ城には6家族のための居住施設があり、そのすべてが主要な中庭周辺に密集し、主要な高層建築物の空間を競い合っていた。

要塞化したマナーハウス（領主屋敷）
Fortified Manor House

エイドン城
Aydon Castle
ノーサンバーランドにあるエイドン城の中心部分は13世紀後期にマナーハウスとして建てられた。その直後にイングランドとスコットランドの間で戦争が勃発し、国境付近の州は戦場と化した。以後50年間に何段階も要塞化が進み、3つの中庭の周囲に小さな包囲型の城が建てられた。現在エイドン城は要塞化したマナーハウスと見なされているかもしれないが、1415年には城として一覧表に記載されたことは注目に値する。

防衛力の低い住居の中には『要塞化したマナーハウス』と呼ばれて城とは区別されるものがある。これは現代の分類であり、確かに中世ではさまざまな範囲の要塞が時として認知されていた。これはノーサンバーンドにある城郭と要塞（防衛力の高いマナーハウス）を列挙した1415年の書類に明記されている。それにはある型の住居を別の型と区別する真剣な試みを記している。線引きは必ずしも簡単ではなく、一覧表の編集者たちは記載事項の訂正をいつするべきか、ということに気づいた。わたしたちの目的に応じて、それがいかに有益な課題になりえるかという点では議論の余地がある。住居の要塞化はつねに程度の問題で、機能に応じて変化する。

アクトン・バーネル城

Acton Burnell Castle

アクトン・バーネル城は、聖職者でエドワードI世の大法官を務めたロバート・バーネルによって、ウェールズとの国境近くにある彼の生誕地シュロップシアに1284年に建設された。本格的な防衛手段ではなかったが、多数の防衛対策を装備していた。独創的でこじんまりした設計の主要な住居施設は2階にあり、狭間付胸壁付きで、さらに屋敷は堀とおそらく塀に包囲されていた。

ヤンワス・ホール(平面図付)

Yanwath Hall

カンブリア州のヤンワス・ホールは中世後期にさかのぼるもう1軒の国境付近のマナーハウスで、当時は越境襲撃が頻繁にある土地柄のため、屋敷には防衛対策が必要だった。ここでの防衛対策は広間の一端に設置された塔に集中している。14世紀、15世紀と、主な建築段階が2回あったようだ。現在中庭の屋敷は、中庭を囲む四角形の建物に接する3区画のうち2つだけが中世の建築だが、当時は柵や壁で囲まれていただろう。

城郭風の屋敷
Castellated House

ハーストモンス城
Herstmonceux Castle
1441年頃にさかのぼるハーストモンス城は塔、間隔のあいた小塔、狭間、広大な堀、頑丈な楼門を誇る。この城には以前は跳ね橋、落とし格子、射撃孔、射眼、石落とし付回廊、突出し狭間で防御された凹形の玄関があった。しかし城の調和性、戦略上の弱点、穏やかな自然の風景は、芸術的な喜びが城を建築した主な動機であることを示唆している。

城の中には他の城ほど軍事的特徴がほとんどないものも必ずあった。要塞化には費用がかかり、人は収入と、襲撃に対する弱さの認識度に応じた生活をしていた。しかし中世後期には城が城主の住居に相応しいと考えられて、狭間、落とし格子、石落としなど、城の軍事的装備が流行するようになった。従ってその後の多くの城は本格的要塞というよりも城郭風の別荘と考えられたようだ。例えば、サセックス州のハーストモンス城は城郭風別荘の最先端である。建築家の真の意図を示す手がかりがその立地（周囲を囲む丘が見下ろす斜面に建つ）やその特徴とデザインに表れている。

ソーンベリー城
Thornbury Castle

1507年に建築が始まったグロスターシアにあるソーンベリー城は、中世の城郭と中世後の別荘の中間となる建物である。外見上は塔、射撃孔、狭間付きの楼門を備えた要塞の外観だが、外壁の内部は上品で家庭的な雰囲気が際立っていた。

オックスバラホール
Oxburgh Hall

ノーフォークにあるオックスバラホールは1482年に認可されて狭間付きで建築されたが、本質的には家庭的な特徴がある。堀はあるが隅塔はなく、胸壁は狭間付きだが、それらは偽の石落としの上にあって、主に見せかけだけだ。

ボディアム城
Bodiam Castle

ハーストモンス城の特性は、半世紀前に建築された、同じサセックス州のボディアム城に影響を受けたのだろう。広大な堀に囲まれて綿密に設計された四角形のボディアム城は、計算された風景の中で城郭風だが絵のように美しい建物の傑作としての基準を定めた。

イントロダクション
Introduction

バンバラ城
Bamburgh Castle
ノーサンバーランド海岸にあるバンバラ城は早くも6世紀には要塞化されて、12、13、14世紀にそれぞれ発展を遂げている。立地の地形のため設計が制限され、その結果基盤となる岩の輪郭に沿った延長計画となった。中世初期に城郭が建築されると、その後はどのような増築設計にもほとんど余裕がなかった。

城郭設計では地形上の制限がない贅沢な立地であることはまれだった。これらは、防衛できる場所の困難な地形のせいで初めて建築する場合も、既存の設計図に対応したり既存の建物に組み込んだりする必要のある、すでに建物が建っている場所の場合も同じだった。立地場所の中には1066年のノルマン人の征服当時にすでに荒廃し、改修、適応、復興の長い歴史があるものもある。初期の城郭防衛は中世後期以上に十分に考慮されていた傾向にあり、立地の戦略上の長所はより高く評価された。後にそれは多くの場合重視される城郭建築上の特徴となった。

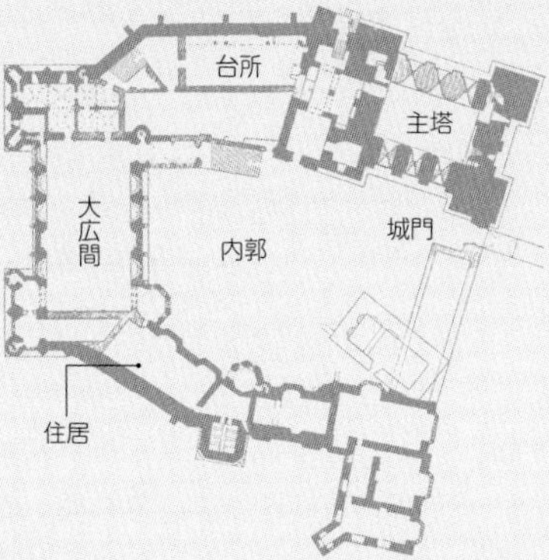

ケニルワース城（平面図）

Kenilworth Castle

おそらく12世紀初期が起源のウォリックシアのケニルワース城はモット&ベイリー式城郭として誕生したと考えられ、12世紀後期の主塔は本来のモットの場所に建っている可能性がある。この城がリチャードⅡ世の叔父（ランカスター公爵ジョン・オブ・ゴーント）の所有となった14世紀には、この城ははるかに広大な敷地を所有していた。本来のベイリー（中庭）の建物は改築されて、12世紀の城郭の輪郭がしっかりと保たれた何棟もの豪華な住居棟が建築された。

カラオラの塔

Calahorra Tower

建築物を時代に適応させた例は多数ある。中世にその機能が変化した建築物の一例はスペインのコルドバにあるカラオラの塔である。本来は一対の塔があるイスラム王朝時代の楼門で、14世紀に1基の塔に改築された。城門は正面を塞いで閉鎖され、その後方に正方形の小塔が建築された。さらに旧楼門と新小塔の間の隅部に側面を防御する四半円の連結部が建築された。

エステンセ城

Castello d'Estense

城郭建築家は時には制約を受けない立地を利用して、自分の芸術感覚に対して自由に力を発揮できた。イタリア北部のフェラーラにある、建築家バルトリーノ・ダ・ノヴァーラによるエステンセ城はこの好例である。平坦な立地に建築された四角形の城郭で、堀、守衛詰所のある城門や石落としを備えて要塞化されているものの、この建築物の規則性が軍事的建築物というよりも豪邸といった外観を与えている。

建築上の効果
Architectural Effect

シュタインスベルク城
Steinsberg Castle

12世紀初期に建築され、13世紀中に改築されたシュタインスベルク城はドイツのバーデン・ヴュルテンベルクの丘の上を占拠している。八角形の大塔がある内郭の周囲に同一中心の要塞を備えた比較的単純な設計で建てられている。その立地や設計の背後にある防衛上の配慮にもかかわらず、この城は見る人に印象的な衝撃を与える。八角形の塔と切子面のある内郭の壁を組み合わせることは、反射形状の効果的な集合体を作り出す意図的な試みである。

昔から城郭建築家たちが自分たちの構図の外見上の効果を考えていたことに疑いはない。この一面は権力を誇示して畏敬の念を覚えさせたいという欲求であり、敵や反抗的な民衆を威嚇する有効な手段だった。しかし特に12世紀以降は美的価値も考慮されたことは確かである。城郭は要塞だけでなく、それによって建築家が自らの富、名声、趣向を広く世に知らしめることができた権威の象徴でもあった。高所の立地は建築上の効果を高める役割を果たした。

貴族の塔

Baronial tower

12世紀初期にはスタッフォードに木造の城があった。1348年に初代スタッフォード伯爵のラルフがおそらく自らの新しく獲得した富と地位を知らしめようとして、古いモットの頂上に大塔を建築した。四隅に八角形の小塔と南側正面の中央に半八角形の小塔を備えた印象的な建物だった。スタッフォードとウェールズ国境地帯の間の主要道路に面したこの塔は建築上の効果を最大限に発揮するように配置されたようだ。

ワークワース城

Warkworth Castle

14世紀後期に初代ノーサンバーランド伯爵ヘンリー・パーシーのために建築されたワークワース城のドンジョンは大塔のデザインが最大の見どころである。この住居は内装を緻密で独創的に配置した珍しい設計図で建築された。ノルマン時代のモットの頂上にドンジョンを配置し、立地の劇的な可能性を最大限に活用している。北側の小塔の正面にはパーシー家の紋章が飾られ、所有者であることを明示している。

マンサナレス・エル・レアル

Manzanares el Real

中世後期には城の勇ましい外観そのものが終焉を迎える傾向があった。設計の防衛面は機能的だっただろうが、魅力的でもあった。15世紀には時には流行が機能性より優位に立ったために軍事的形状が純粋な装飾モチーフへと発展した。マドリード近郊のマンサナレス・エル・レアルでは、回廊の石落としは偽物で、ただ装飾的効果を与える役割を果たしている。

象徴的な意義 *Symbolism*

カーナーヴォン城

Caernarfon Castle

グウィネズにあるカーナーヴォン城は東ローマ帝国の首都コンスタンティノープルを連想させる目的で建てられた。グウィネズの王子たちは自分たちの祖先をBC383年にローマ皇帝の地位を確立したマグヌス・マクシマスまでさかのぼった。伝説ではマクシマスはカーナーヴォンに近いローマ時代のセゴンティウムの町と関連があった。この城が完成するとエドワードは自らを皇帝の後継者とし、彼の想定上の子孫はウェールズの王子たちだと宣言した。

権力や権威を誇示することは城郭建築上の特徴には不可欠で、城の軍事上の特徴が中世の貴族社会の軍事的性質を反映して、城主を貴族の一員と認定した。時には城郭建築者たちが自らの意図をさらに鋭く明確にしており、それは政治的概念を表現および/または支持する目的だったのだろう。ごくまれにそうした建築者の意図を解釈できることがあり、建築物の歴史的背景を入念に研究して初めて、設計上の明確な独自性を学説上の意味と関連づけることができる。最も説得力のある象徴的な意義の解釈の1つは、旧ウェールズ公国の中心地で、グウィネズ併合後の1283年にエドワード1世が建築を開始した、ウェールズ北部のカーナーヴォン城に関係する。

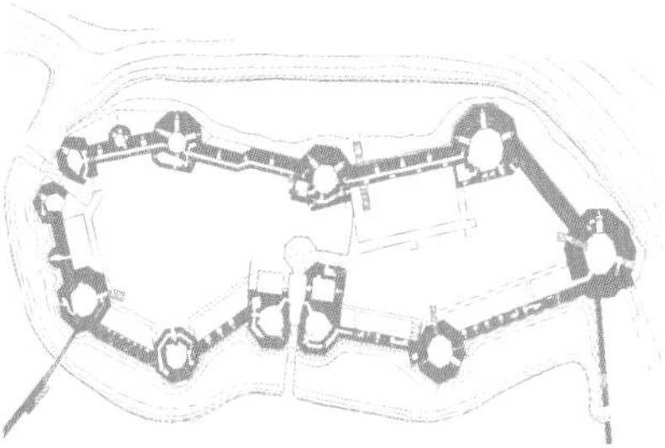

カーナーヴォン城(平面図)

Caernarfon Castle

カーナーヴォン城の平面図は11世紀にノルマン人の城が建設された土塁によって一部確定された。これはイングランド国王エドワードがかつてウェールズ人に奪われた土地を正当に取り戻していたと推測することで、さらなる象徴的な意義を付け加えた。

アッシュビー・ドゥ・ラ・ズーシュ城

Ashby-de-la-Zouche Castle

増改築によって近年に獲得した地位が明らかになる場合があった。ウィリアム・ヘイスティングス卿が実施したアッシュビー・ドゥ・ラ・ズーシュのマナーハウスから城への改築は、エドワードⅣ世の最も影響力のある家臣の1人だった彼の地位に関連していた。広間の上にそびえる大塔は強力な支配力の象徴である。

ダンスタンバーグ城

Dunstanburgh Castle

国王リチャードⅡ世の従兄弟であり宿敵であるトーマス・ランカスター伯爵のために、1313年頃に建築されたダンスタンバーグ城の設計は伯爵自身の感性を喚起した。アーサー王伝説と自らを重ね合わせたランカスターは、アヴァロン島を思わせる人工的な水辺の地物を建設して海岸沿いの岬をさらに孤立させた。

ファサード：ダンスタンバーグ城

Façade: Dunstanburgh Castle

ダンスタンバーグ城の主な特徴はその楼門であり、1280年代にさかのぼるハーレフ王宮からインスピレーションを得ている。しかしある意味、それはファサードで、上部は障壁にすぎない。その主な目的は単純に海からでもよく目立つようにするためだったのだろう。

城郭建築者たち

Castle Builders

セント・ジョージのジェイムズ棟梁

Master James of St George

セント・ジョージの熟練石工ジェイムズは、城郭建築者が到達できた地理的領域の手本であり、それ相応の人脈を得ていた。彼はスイスのサヴォイ伯爵の城で働いただけでなく、ウェールズでエドワードI世の大城郭建築計画を指揮し、コンウィ城（下図）はその一つだった。

城郭建築者は豪華な邸宅の必要性を要塞の必要性と調和させなければならなかった。その結果、その役割は軍事技術者から住居用建築者まで広範囲に及び、城主は要求を明確に指定し、棟梁は利用できる立地範囲内でやり遂げていた。初期の軍事技術者たちの多くは大工仕事の経験があり、包囲攻撃兵器の建設にも関心があったが、そこでは石材が主要な建築材料で、方針を決定したのは石工だった。有能な熟練石工たちは非常に重宝がられ、中には国際的評価を受ける者もいた。

クリフォードの塔：断面図

クリフォードの塔：
1階平面図

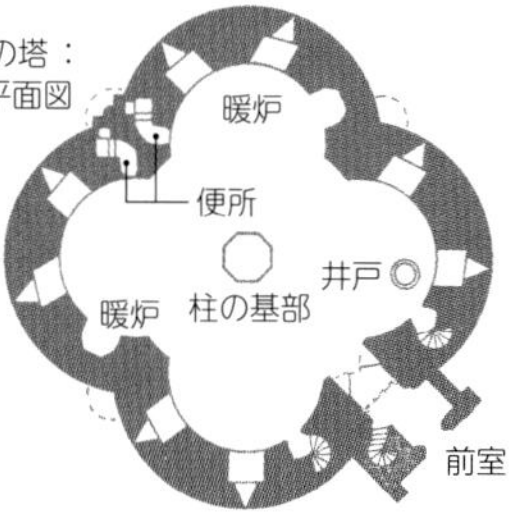

ヘンリー・デ・レイン（断面図と平面図）

Henry de Reyns

ヨーク城のノルマン時代のモットの頂上にそびえるクリフォードの塔は1245年～1260年に四つ葉形の平面図で建築された。ヘンリーⅢ世の熟練石工ヘンリー・デ・レインはその設計で高い評価を得ている。

ヘンリー・デ・レインはウェストミンスター寺院の再建でも指揮を執り、フランスにおける最先端の建築技術を反映した。クリフォードの塔の平面図にもパリ近郊のエタンプ城にある12世紀の大塔のフランス式類似点がある。

フランチェスコ・ディ・ジョルジョ・マルティーニ

Francesco di Giorgio Martini

フランチェスコ・ディ・ジョルジョ・マルティーニは、著書『建築論』によって、図面や文書を通じて研究対象となりうる数少ない城郭建築者の1人である。1481年にイタリア中部に建てられたカーリの城塞は、フランチェスコが施主ウルビノ公爵のために建てた多数の要塞の1つだった。

ジョン・ルウィン

John Lewyn

ジョン・ルウィンは最も多くの城を建築した14世紀後期のイギリス城郭建築家の1人だった。彼は北部地方で広範囲に活躍した。ルウィンによって1378年から建築されたカーライル城の独創的な外観の楼門（上図）は彼を最も連想させる緻密で複雑な設計をしっかりと守っている。

幾何学の使用

Use of Geometry

城郭設計は防衛上の配慮や立地の地形学的性質に大いに制限されたが、その一方で11世紀以降は幾何学が、当初は個々の要素のデザインに、最終的には城全体の基礎に大きな役割を果たした。対称的な城郭は13世紀から建築されており、14世紀には城の建築学的特徴が防衛面に対抗または優先すると、新しい城郭のための自然な取り組みは幾何学的に触発された設計となった。

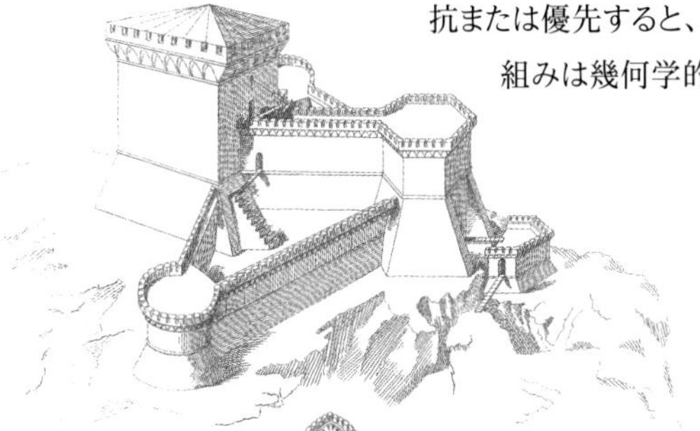

対称的な防壁

Symmetrical defence

フランチェスコ・ディ・ジョルジョ・マルティーニの建築学論文から抜粋したこの絵では、設計の幾何学的基礎が非常に明確である。円筒形の隅塔を備えた正方形の包囲地の中央に正方形の大塔が建っている。包囲地の内部は、大塔の四隅から隅塔へ伸びる、聖アンデレ十字形に配置された壁で区切られている。

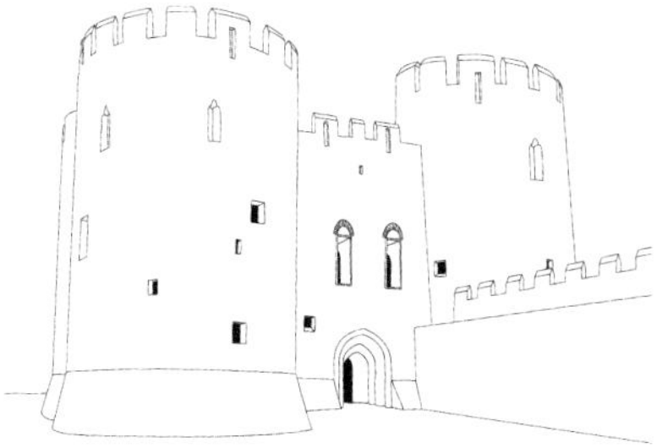

大塔：ダッドレー城

Great tower: Dudley Castle

ウェストミッドランド州にあるダッドレー城は小高い丘の上に建っている。ノルマン時代のモットを占拠する大塔は1260年代に建てられた。中央の遮蔽部が隅塔と連結する、単純だが効果的な構図が美しい幾何学的基礎を備えていて当時の楼門設計に影響を受けていた。

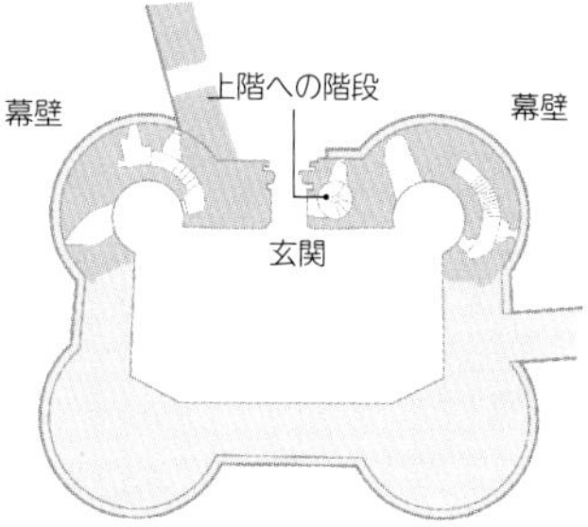

大塔：ダッドレー城（平面図）

Great tower: Dudley Castle

ダッドレー城の大塔はさらに大きな複合建築物の統合部として必ずしも設計されてはいなかった。独立して設計された可能性もあった。本来は効果を狙って設計された建物という印象を受ける。宿泊設備は簡素だった。より快適な住居がおそらく中庭にあったのだろう。

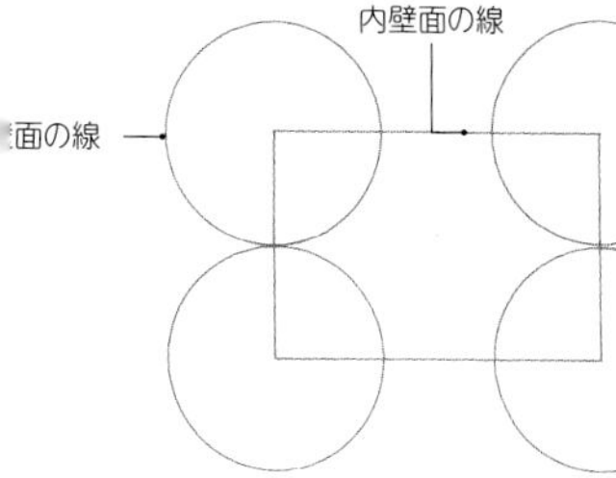

幾何学的な基礎（平面図）

The geometrical basis

ダッドレー城用の平面図は四隅を中心に4つの円を描いた長方形だった。円に共通する直径は長方形の短辺の長さと等しかった。これにより主要な建物内部の線と小塔外部の線が生まれる。現存する建物全体によって壁の厚さと開口部が判明した。

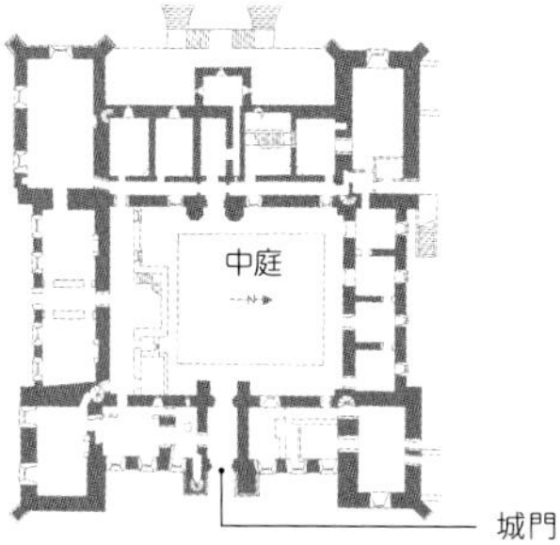

比例したシステム（平面図）

A proportional system

多くの中世の建物は比例測量システムで建築された。ダラム州にある14世紀後期のラムリー城の平面図は1：$\sqrt{2}$の等式、または対角線($\sqrt{2}$)に対する正方形の一辺（1）の関係に基づいている。これは一般設計図、塔、居室に見受けられる。

木材 *Timber*

木造の塔
The timber tower

木造の城塔は現存していないが、絵画や考古学の証拠がかつての存在を裏付けている。下図の浅浮彫りは2基の木造の塔を描いており、その構造的特徴を示す手がかりを残している。いずれの塔にも水平の梁で結合した斜めの隅材と聖アンデレ十字形の筋交いがあり、どちらも狭間付きである。

現在では石材は城に最も関係の深い建築資材だが、初期の城郭の大多数は木材で、中世を通じて城郭建築には依然として主要な資材だった。材料の腐敗しやすい性質や、再利用時の解体が比較的容易なことが、大半の木造建築物が姿を消したことを意味するため、わたしたちは木材の重大性について偏見を抱き続けている。だが中世の城郭の木造建築は現在ではほとんど残っていないが、かつての存在を示す証拠は豊富にある。

中世の鐘楼

Medieval bell towers

木造の城塔は姿を消したものの、現存する中世の鐘楼からそれらの構造上の何らかの特徴を推察することができる。これらの中には、先細りの側面や聖アンデレ十字形の筋交いを含む、このような中世の絵に示すものと同じ木工品の特徴を表すものもある。それらは同じような木造建築物を復元する際の手本となっている。

木造の城郭

A timber enceinte

この中世の写本の絵にはっきりと描かれているように、城はたいてい木材と石材を組み合わせて建築され、城郭内の石造建築物が木造の矢来に包囲されている。この周囲の壁の描写は、射眼や、銃眼に蝶番式鎧戸のある、高度な大工仕事で建てられた建物の印象を与えている。木造の楼門にも射眼や、筋交いで支持された突出した狭間付胸壁がある。

ウィンザー城

Windsor Castle

広範囲にわたって城が破壊されたせいで、大半の中世の木造建築物はもはや現存していない。しかし中世以降継続して占拠されてきた建築物の中には数例が現存している。こうした建物の1つがウィンザー城である。この図は聖ジョージ礼拝堂に隣接する1353年頃のキャノンズ回廊の詳細を示している。

石工技術の種類
Masonry Types

荒石の充填材を用いた切石
Ashlar with rubble infill

中世では最高品質の石工技術は切石で、四角に切って化粧仕上げを施した石材でできていた。1100年頃に壁面用に広く使用されるようになった切石は高度な技術と長い準備期間を要した。石材は石工職人の作業小屋で一定の形と大きさに切断された後、設置される現場へ運ばれた。求められる高品質の石材は時には現場から相当離れた産地からしか調達できなかった。

中世の城壁建築の一般的な方法は、石造壁面を2面築き、その間の空間に荒石とモルタルの混合物を充填する方法だった。この構造概念は広く用いられたが、一方で城郭は石工技術のさまざまな様式を表している。種々の実例にはある程度年代順の重要な意義があるが、他の影響力のある要因は材料の入手が容易であること、地域の習慣、利用可能な財源だった。

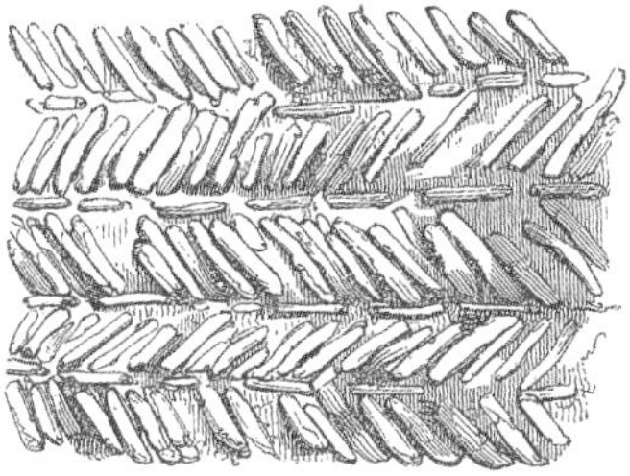

横積みされた荒石
Coursed rubble

切石より安い代替品は荒石だった。荒石は運搬費用を安く抑えるために現場近くに開いた採石場からすぐに利用できる通常は地元の石材だった。必要とされる技能訓練の水準はさほど高くなく、建設期間中に必要とされる限り石材の準備は現場で行われた。

矢筈《やはず》積み
Herringbone masonry

矢筈積みは11世紀に好まれた横積みの石細工の独特な様式で、迅速さが要求されたときに用いられた方法だったと考えられている。横の段は斜めに固定され、勾配の方向が交互になっている。こうした斜めの横段は時には水平に並んだ横段で区切られていた。

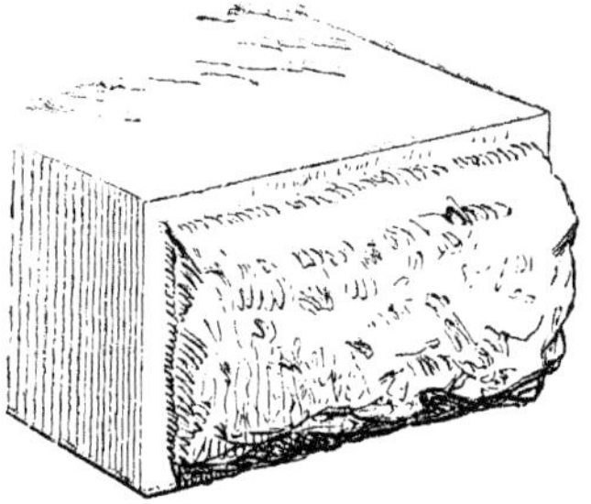

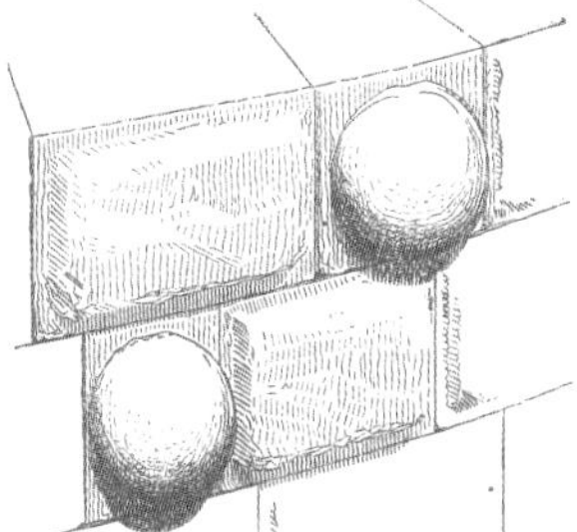

突起(こぶ出し)加工
Rusticated masonry

12世紀の十字軍国家で流行した突起加工または「こぶ出し」加工では、石材の縁をきれいに削り、突出した中央部分をさらに粗雑に加工した。レバノンのボーフォート城では、扉や窓周辺が普通の壁よりもさらに美しく仕上がるように、突起加工の傾斜が緩くなっている。

イサベル様式の加工
Isabelline masonry

別の種類のこぶ出し加工は15世紀後期のイサベル女王時代のスペインで人気があり、特にマドリッド近郊のマンサナレス・エル・レアル城で用いられた。こうした円形のこぶは丸い砲弾になぞらえており、非常に華やかな装飾計画を実現する完全なる装飾的特徴である。

石工技術の細部
Masonry Details

中世の壁面加工は石造建築の本質をよく表している。しかしそれらは城郭建築の過程を探る手がかりとなる石積み作業の唯一の特徴ではない。石壁建築の一部の局面はモルタル密度や構造物の鉄製部分のように、他の物ほど目に見えやすい、または理解しやすいわけではないが、それでも建築物の建設に関するデータを与えている。石工職人の痕跡は建築過程とその構成を表す証拠を残し、そのままの状態でそれとわかる場所で再利用された石細工は、材料の供給に関する手がかりを与えてくれる。

再利用される石
Recycled stone

多くの城は古代遺跡やその付近にある。古い石材の再利用は、時間、労力、費用を節約する方法として中世の建築家たちに広く実施されていた。再利用される石細工の多くは仕上げ用や中心部用の荒石として使用された。しかしレバノンにある十字軍時代のギブレットの城のように、時には石細工用に再加工せずに使用しても十分に品質が良いものもあり、その城では古代ビブロスの遺跡が大量に再利用されていた。

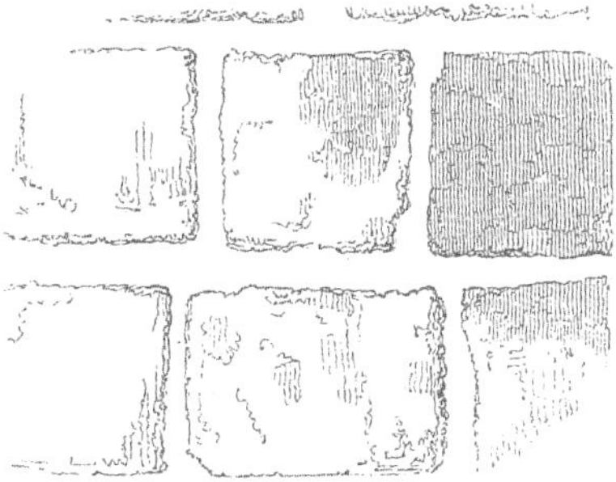

広いモルタルの継ぎ目
Wide mortar joints

荒石の建築物や、切石とは対照的に荒く四角く切った石で建てた建物では、石細工の不規則性を均一化するためにモルタルの横層を分厚くする傾向にある。そのように広く間隔を開けた横層は時には初期の石細工を表している。

モルタル内の骨材
Aggregate in mortar

時として、厚いモルタル層を均一にする機能は、細かい硬石やタイルを骨材として含有させると簡単にできた。そのように骨材を含有させるとモルタル層の圧縮強度も高まり、建物の構造上の完全性を維持するのに役立った。

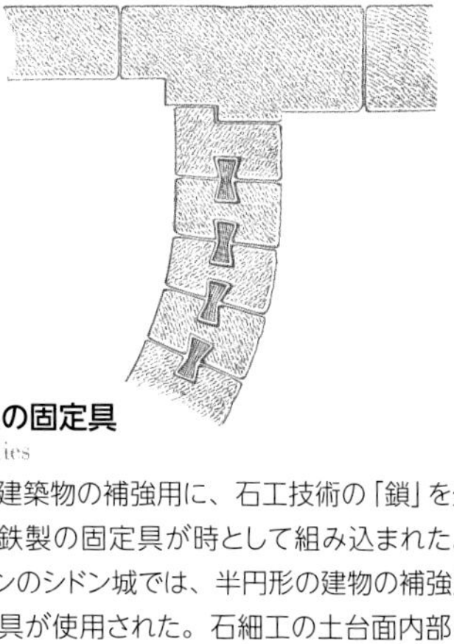

鉄製の固定具
Iron ties

切石建築物の補強用に、石工技術の「鎖」を生み出す鉄製の固定具が時として組み込まれた。レバノンのシドン城では、半円形の建物の補強用に固定具が使用された。石細工の土台面内部に切り込みを入れた挿入部内に固定具をはめ込むことで、横方向の推力に抵抗が生じる。

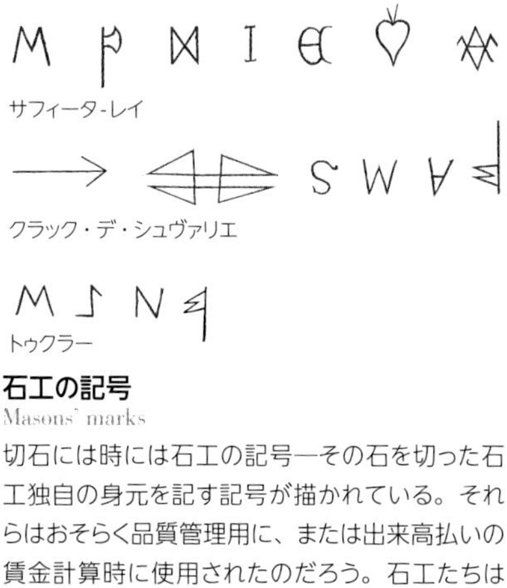

石工の記号
Masons' marks

切石には時には石工の記号—その石を切った石工独自の身元を記す記号が描かれている。それらはおそらく品質管理用に、または出来高払いの賃金計算時に使用されたのだろう。石工たちは作業所として知られる一時的な建物内で石材を切って成形していた。

丸天井(ボールト)と床
Vaults & Floors

城やその内部の構成要素はしばしば多層建築物であり、そのため床板や丸天井構造の構造問題は中世の城郭建築家には重要事項だった。多種多様な石造建築方法が用いられた。軍事機能を備えた城の場合は強度が重要だったが、技術の選択は費用、地域の慣例、材料の入手可能性、または特殊な設計機能を果たすのに適しているかどうかによって決定されていたようだ。

筒型ボールト構造
Tunnel vaulting
筒型ボールト構造は低層階の部屋の天井によく用いられたが、高層階ではあまり一般的ではない。カンブリア州にあるダクレ城の14世紀の城館には、主要な地下室には単純な筒型ボールトがあり、入口通路の丸天井には横方向のリブが加わっている。石造の丸天井構造によって耐火性のある、上層階を建築するための強固な地下が生まれた。

リブ・ボールト構造

Rib vaulting

筒型ボールト構造によって建物に強固さが備わったが、リブ・ボールト構造はより芸術的な効果を生み出した。その結果、時には崇高な感覚を与えるリブ・ボールトが使用された。シリアにあるマルガット城の大広間では、その外観の構造上の性質があらわになっている。持ち送りからせり上がったリブは石の網目の間にある壁板を支える骨組となっている。その上面はモルタルと荒石の充填材で水平にならされ、固体塊に固定される。

持ち送り

Corbels

スコットランドにあるキャンベル城のこの15世紀の例のように、低層階が丸天井でなかった場所での床建築の一般的な方法は、横梁の両端を支えるために側壁に一連の受口とそれに対応する持出しを取り付ける方法だった。木造の床が消えてしまった場所では、残った持ち送りがその建築方法の証拠となっている。

壁段

Offsets

持ち送りに代わる手段は壁段であり、床の木造建築物を支える棚を作り出すために、上層階の壁の内側表面が下層階の壁よりも後退して設置されていた。この方法はコニスボロー城の12世紀後期に建てられた円筒形の主塔に用いられた。この単純な方式では結果的に階ごとに壁の幅が狭くなった。

塔の建築 *Tower Construction*

塔は城郭建築の粋を集めた形だった。塔は砲撃の衝撃と掘削の影響の両方に耐えなければならず、そのため建築の安定性は優れていた。12世紀の建築技術の発達によって円筒形の導入が可能となった。曲面によって方向偏差の特性が加わり、円形の平面図は角がないことで掘削に対してさらに大きな抵抗を示した。ボールトを採用することで構造上の安定性を高めることができた。フランスのピカルディーにあるクーシー城では塔の建築家たちの卓越した技術の実例を数多く見られる。

城壁塔

Wall tower

クーシー城の城壁塔は外観では円形だが、内部は六角形である。各面には射眼を縁どるアーチ形の朝顔口や凹部がある。上層階の凹部の脚部が下層階の横段の頂部上に立つように、その模様は各階ごとに交互になっている。これによって射眼は互い違いになるため、より広い射界が生まれ、無駄のない材料で構造上の強度が生まれる。

ドンジョン

Donjon

円筒形の大塔の強度と安定性は建物の頑丈さよりも巧みな技術に頼っていた。内側の壁面はアーチ形の凹部で覆われ、その間にある迫持が、建築物を連結する中央空間上の一連のリブ・ボールトを控え壁で支持する役割を果たしていた。

ボールト構造の細部

Vaulting detail

ドンジョン3階の回廊のボールト構造に見られるこの細部は、右側に主要凹部のアーチ形の1つを、中央には中間にある迫持の表面を、そして凹部を連結する歩廊（壁上通路）の1つに設けたアーチ形の開口部を表している。凹部はリブ付きの横向きの筒型ボールトで覆われている。連結通路には平らな側部の筒型ボールトがあり、少し低い位置で個別に屋根がついている。別のボールトと壁面が交差する場所には高度な先進設計と緻密な職人の技が表れている。

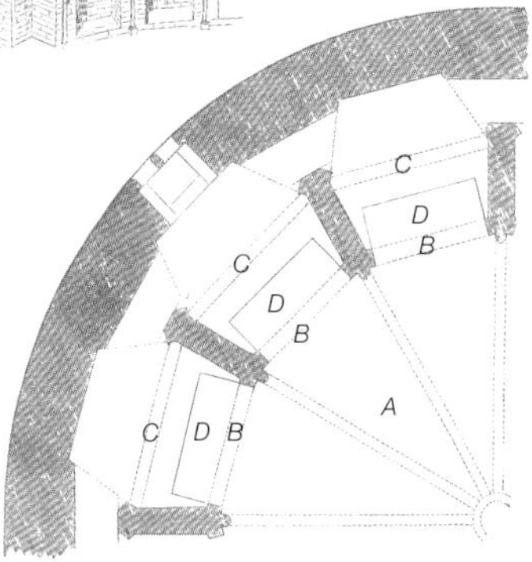

凹部と通路のボールト構造（平面図）

Recess and passage vaulting

円筒形の塔の内側は十二辺形（側面が12面）である。迫元から持ち上がる主要ボールト（A）の12本のリブは外側へ開いた凹部の間に配置した。凹部（D）は2本のリブ（B、C）上で支持される個々の筒型ボールトで覆われている。各部は短い通路で連結され、低層階では個別に丸天井で覆われている。

足場の設置 *Scaffolding*

中世の建築は建築物の壁に合わせて建てられた木造の足場を使用して進められた。中には自立していた足場もあったが、多くの場合は建築物の壁で一部または全体を支えていた。このような場合、水平の木材や腕木を腕木孔に挿入した。これらは石工たちが石段を積む際に特別に準備した四角い孔だった。足場その物はもはや跡形もないが、時には現存する腕木孔を通じてその特徴を見定めることができる。

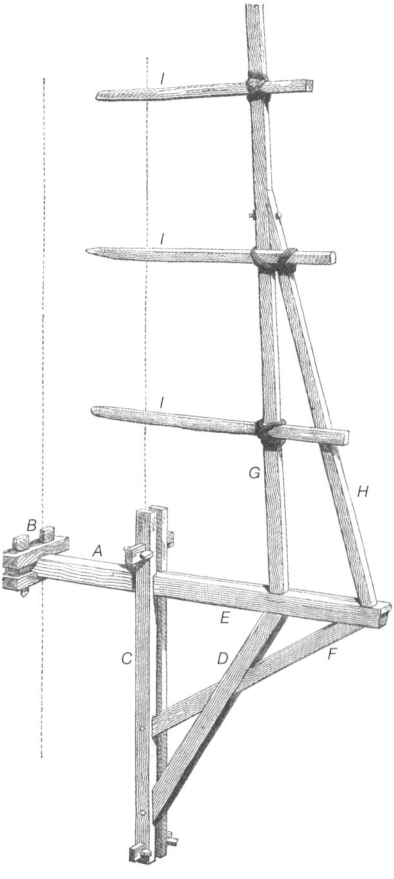

足場の復元

Reconstruction of scaffold

足場設置工法はかなり多様であり、建築物の特性や大工たちの地域ごとの習慣に左右された。中世の例図や現存する当時の木工品の例から、そうした仮設建築物の特徴を知ることができる。この例では、主要な水平梁(A)は壁を貫通して右へ伸び、くさび(B)で固定したクランプによって内側面上で固定される。さらに垂直木材(C)によって外側で固定され、筋交い(D、E、F) の支持体としての役割も果たす。主要梁上にあって筋交い (H) で補強する柱 (G) は壁面内で固定される一連の横梁 (I) を支える。これらの梁が踏み台を支える。

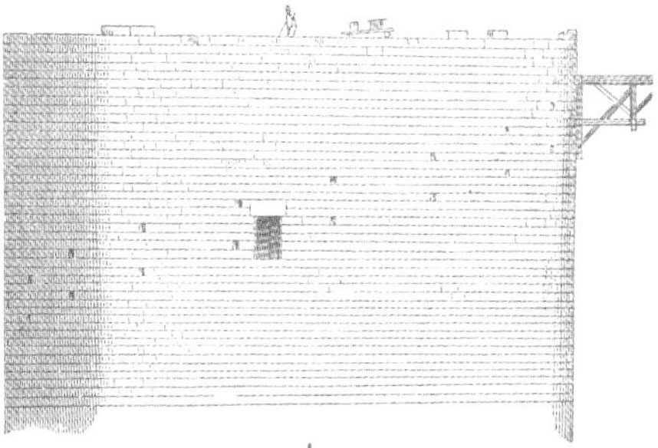

腕木孔

Putlog holes

腕木孔はたいてい水平線に一定の間隔で表れる。しかしフランスのピカルディーにあるクーシー城では、円筒形のドンジョン（1220年頃）の周りにある一対（上下）の腕木孔は螺旋模様になっており、中世の足場が傾斜していたことを示唆している。これは13世紀のサヴォイ城でも使用された配列で、そこから13世紀後半のエドワードI世の広大な城郭建築計画の間に彼に雇われたサヴォア住民の大工によって北ウェールズに伝わった。

螺旋状の足場の復元

Reconstruction of spiral scaffold

ドンジョン周囲の螺旋状の足場の復元はこの工法がどのようにおそらく機能したかを表す。踏み台は作業場所となった壁の頂上まで材料や器具を運ぶために使用できる緩やかに傾斜した平面の役割を果たした。

木組みの復元

Reconstruction of timberwork

この復元図はクーシー城のドンジョン建築用に用いられた木組みを示す。水平梁（A、B）は壁面内および壁面を越えて伸長する。そして入口（C）地点および下方梁（D）の端部方向へ一対の柱で固定される。一連の斜め筋交い（E、F、G、H）によって強度が増す。

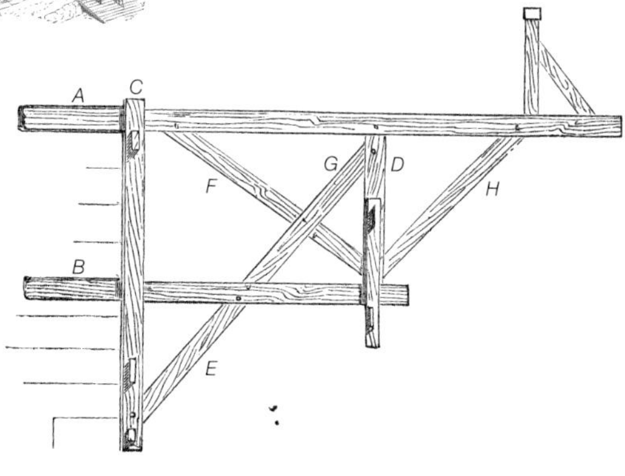

装飾 *Embellishment*

ゲートアーチ
Gate arch
城主の住居棟へ通じる主要通路はたいてい強調する対象に選ばれた。ノーサンバーランドにあるアニック城のシェル・キープ内へ通じる12世紀の入口の両端には豪華な彫刻を施したゲートアーチがあり、14世紀の改築の際にも保存したほど印象的である。

時として城は装飾の少ない機能的な建築物と考えられている。しかし今日目にする多くの荒廃した遺跡からはおそらく偽りの印象を受けるだろう。例えば11世紀以降現存する、彫刻を施した装飾例があり、こうしたことや中世の装飾品の他の有名な例から、城郭建築家が当初からしばしば装飾を検討していたことは明らかである。現存する装飾はいずれも、建築家が城のどの部分に注目を集めたかったのかを示している。

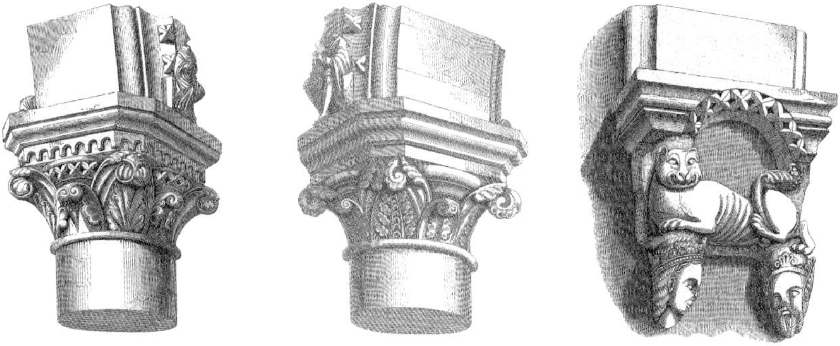

彫刻を施した柱頭

The carved capital

側廊のある教会と同じく、側廊のある広間内の拱廊柱の柱頭は彫刻家の芸術対象だった。ラトランドのオーカム城の大広間にある、1200年頃のこれらのクロケット付柱頭（葉形の彫刻）は実は教会用作品とまちがわれたのかもしれない。これらはオーカムでは珍しい豪華な彫刻装飾の典型で、ここでは石細工の装飾には費用を惜しまなかった。

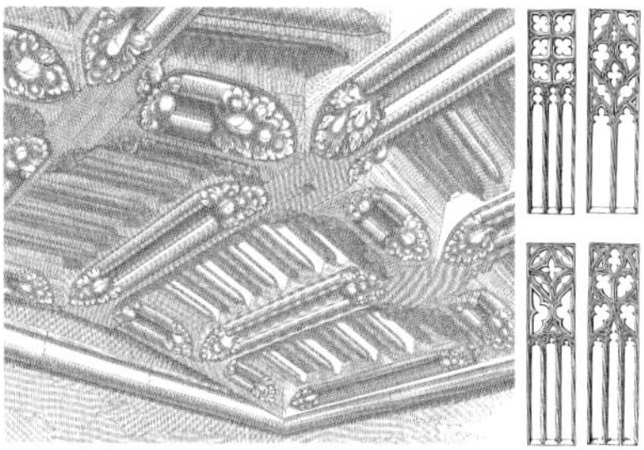

装飾的な天井

The decorative ceiling

カンブリア州のナワース城に現存するこの14世紀の天井には、当時の特徴である様式化された波打つ葉飾りで、すべての要素が重厚にかたどられて装飾が施されている。梁の間にあるパネル（右に図示）はブラインド・トレーサリー（網目模様）で彫刻が施されている。複数の交差部分は突起で装飾された。この細工の中には彩色されていたものもあっただろう。

記念碑のある暖炉

The monumental fireplace

住居施設の中で最も公的な場所である大広間は、城主の財力を誇示したであろう儀式的な部屋の役割を果たした。クーシー城の14世紀後期の大広間にあるこの2つの暖炉は、かつては機能的で華麗な建築上の中心だったため、等身大以上の大きさの9人の像がそびえ立っている。

イントロダクション
Introduction

城はたいてい多数の広大な地形様式によって分類される。時にはある程度重複することはあるが、多くの場合1つの様式の普及は理解でき、最初の判断が解釈の上での有効な出発点となる。複数の方法で分類可能な一様式は現存する城塞遺跡を利用する城である。現存する要塞と別の占拠した遺跡を改造することは、特に初期の城郭建築家の間では実に広く普及した現象だった。それによって比較的迅速に準備体制に入れる明確な防衛態勢をもたらした。戦時にはこれが実に有利に働いた。だが、かつての要塞が、防衛または支配すべき住民の中心に位置する場合が多かったことも事実である。

ビーストン城
Beeston Castle
チェスター伯ラヌルフ・ド・ブロンドヴィルによって1220年頃に建てられたビーストン城は隣接する平原を見下ろす印象的な絶壁上に位置する。崖が2つの側面を、ほかの場所も険しい斜面が防御するこの城は要塞として戦略上優位な立場にあり、先史時代と同じく実に繁栄した。ラナルフの城の外壁は先史時代の砦の上に重なっていて、彼が自分の城を建てようとしたときにはおそらく視野に入っていただろう。

ポートチェスター城（平面図）

Portchester Castle

ハンプシアにあるポートチェスターの海岸沿いの城の建築家たちはローマ時代の要塞の砦を利用した。アングロサクソン人たちは、立地の選択をさらに説明しやすいこの要塞を防衛施設としてすでに再利用していた。ポートチェスターでは11世紀のこの城は現存する城壁を利用して要塞の一角に建てられ、より大きな包囲地とは溝で区切られていた。

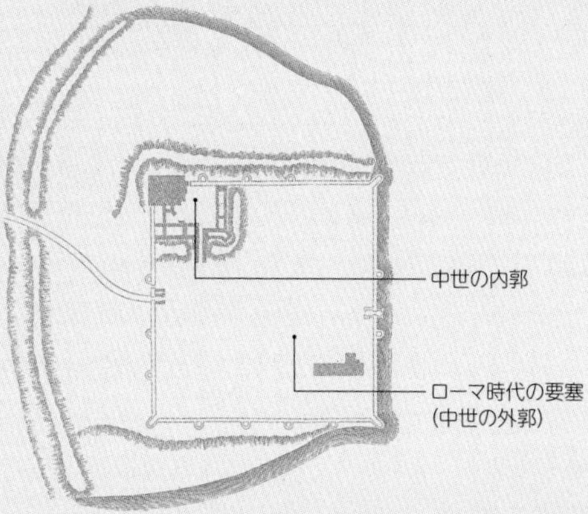

オールド・サラム城

Old Sarum Castle

ウィルトシアにある後の都市ソールズベリー北部のオールド・サラム城は鉄器時代の丘の上の砦内に建てられた。その場所にはアングロサクソン人の町またはバー（要塞都市を指す古い英語）があり、そのため支配されるべき住民や商業の中心だった。ノルマン人は包囲城を建築し、敷地の中心部内を土手や外溝で区画した。この城はより広大な包囲地の11.9haと比較すると広さ0.7haである。

サンタンジェロ城

Castel Sant'Angelo

ローマのサンタンジェロ城は中世初期に西暦135年頃のローマ皇帝ハドリアヌスの霊廟の要塞として誕生している。霊廟は四角い土台上に配置された巨大な円形建物で構成され、後の城郭の設計を決定したが、現在では隅から突出する15世紀の多角形の塔とともに四角い幕壁内に包囲されている。

モット&ベイリー式城郭
Motte & Bailey

復元
Reconstruction

この仮説に基づいたモット&ベイリー式城郭では、左側のベイリーは木造りの矢来で包囲されている。城内に入るにはモットから一番離れた場所にある橋と門を通る。モットへの入口はベイリーからだけで、門を抜け、間にある溝に架かる橋を渡る。この進入路はモットの斜面上へと伸びる矢来でさらに保護されている。モット自体には頂上にもう一つの門付きの矢来と塔が建っている。

ノルマン人のイングランド征服の間に急増した城郭の初期の様式はモット&ベイリー式で、そこには溝のある小高い丘(モット)が溝のある包囲地(ベイリー)と組み合わさっていた。モットは監視所として小高い場所を作り出し、多くは塔によってさらに高くなり、城の防衛を指揮する上で戦略上有利な場所だった。ベイリーは住居施設、倉庫、その他の必要な施設を防御した。モット&ベイリー式城郭の建築物は当初木造だったが、多くの場合、後に石造に改築された。

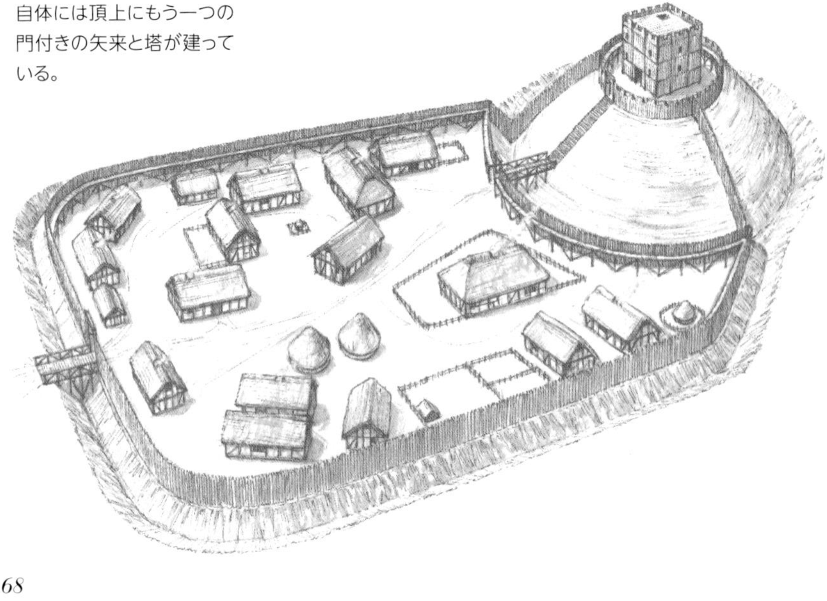

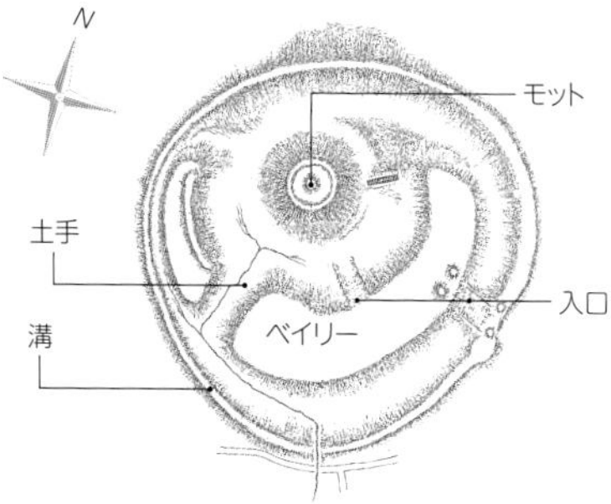

ビルス城（平面図）
Builth Castle

ウェールズのポーイスにあるビルス城は11世紀の終わり頃に建てられて、1270年代に完全に石造で再建された。それでもその土台はすべて残っている。円形のモットと半円形の土手と溝が腎臓型のベイリーの輪郭をくっきりと示している。当初の進入経路は外溝を渡ってベイリーへ、ベイリーからモットへ続いた。

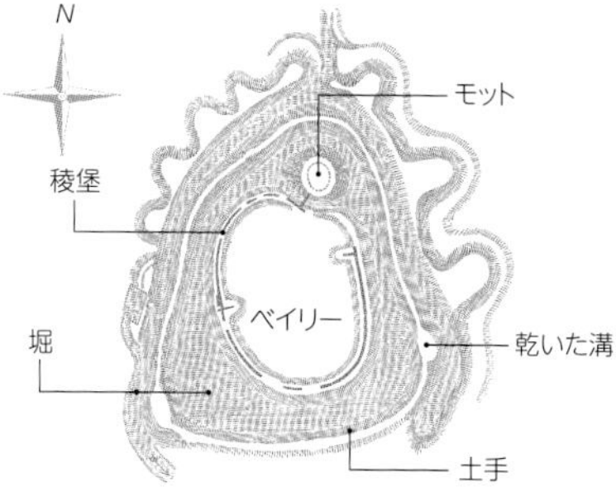

バーカムステッド城（平面図）
Berkhamsted Castle

バーカムステッド城は1086年まで存在していた。楕円形のベイリーと独立したモットが水をたたえた溝や堀で囲まれており、その周囲を土手が囲んでいる。次にこれは第2のモットに囲まれて、それを超えると突出する台地や稜堡と合体する別の土手がある。これが11世紀をどれほどさかのぼるのかは不明である。

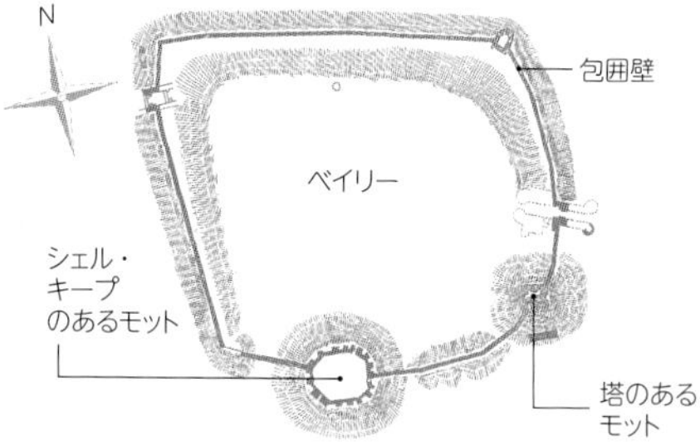

リンカン城（平面図）
Lincoln Castle

1068年にさかのぼるリンカン城は2つのモットを持つ珍しい城である。大きなモットには12世紀のシェル・キープがそびえている。小さなモットはノルマン人が建てた四角形の塔を支えている。しかし土手に関する日付は不明である。

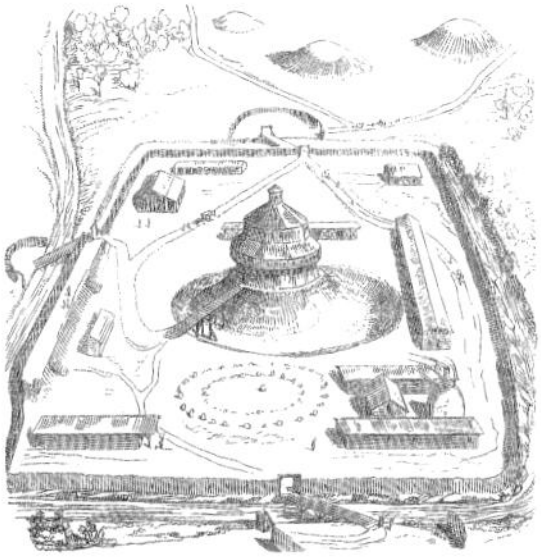

復元：テュスク城
Reconstruction: La Tusque

フランス南西部のサン=トゥラリ、アンバーレにあるテュスク城のモット&ベイリー式遺跡には、中央にモットを配置した長方形のベイリーがあるのが珍しい。ベイリーの3側面は小川で縁どられ、4つ目の側面には溝がある。

大塔と中庭
Great Tower & Courtyard

石造城郭の二大構成要素は大塔（または主塔）と中庭で、2つの要素の組み合わせはありふれていたが、その両方が防衛的建築物の明確な形として考えられていたようだ。中庭の防衛力とこうして広く関連するため、大塔は最後の砦、または最終防衛線と見なされる場合が多かった。この学説には正しい部分もあるだろうが、その重要性はまちがいなく過去に誇張されており、大塔と中庭の相互作用は個別の基準でさらによく理解されている。主塔は時としてそれ自体が威信を示す建築物と見なされ、城に不可欠な要素というよりも比較的分離して設計されてきたかもしれない。サウスヨークシャーにあるコニスボロー城の大塔はこの一例である。

ケゼルスベール城
Château de Kaysersberg
フランスのアルザス地方にあるケゼルスベール城は神聖ローマ皇帝フリードリヒⅡ世のために1220年頃に建築された。この城は町とワイス川の上にそびえる丘の斜面に建てられている。三角形の中庭と最上部に円筒形の大塔があり、要塞らしい堂々とした風格が加わっている。

コニスボロー城（平面図）

Conisbrough Castle

コニスボロー城の主塔は敷地内で自立して建っているのではなく、むしろベイリーの一隅付近に立ち、その一部分が城郭の一部を形成している。主塔は時として受動的な防御施設または最後の砦として設計された建築物と考えられてきた。これはコニスボロー城には当てはまらず、この城の主塔は好戦的に配置され、幕壁の防衛力の一端を担う能力があった。

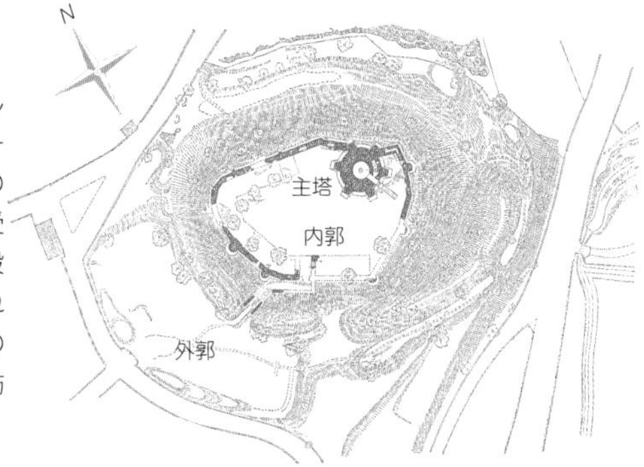

石工技術 ： コニスボロー城

Masonry: Conisbrough Castle

コニスボロー城の主塔の切石建築は、両側に接する周囲の幕壁の荒石による壁造りとは全く対照的である。主塔を独立した存在と考えて、城の他の部分と一体化させることなど当初建築家は全く考えていなかったことは明らかである。

ポルティージョ城

Portillo Castle

15世紀のスペインのポルティージョ城は2つの同一中心層の要塞を備えた四角形の複合体である。外周には円形の壁塔が点在する。包囲壁の一角で城のこの部分を見下ろすのは長方形の大塔である。この塔が設計上の軍事的概念に何かを加えているかどうかは議論の余地がある。その存在は必要であると同時に、伝統と建築上の好みによるところが多いようだ。

包囲城 *Enclosure Castles*

環状構築物（リングワークス）
Ringworks

初期の包囲城の一種は、モット&ベイリー式より以前から存在する環状構築物である。この様式はノルマン人のイングランド征服当時に使用された。大半の環状構築物は木造建築で、石材で再建されなかったものは土塁としてのみ現存する。これらの中で土手と溝が大まかな円形のベイリーの範囲を示す。モット&ベイリー式城郭のように環状構築物には時として複数のベイリーがある。

城郭建築で頻出する特徴ではあるが、大塔または主塔は必ずしも必要だと考えられておらず、戦時での有効性については議論の余地がある。包囲城は中世初期以降に出現する。モット&ベイリー式はノルマン人のイングランド征服の間は時には一般的な様式と考えられるが、初期のノルマン様式の城の大部分は実は包囲城だった。12世紀後期から13世紀の軍事建築の進歩は主塔よりも城郭に集中し、多数の中世後期の城では中庭周辺の宿所の対称的な配置が好まれて、大塔は避けられた。

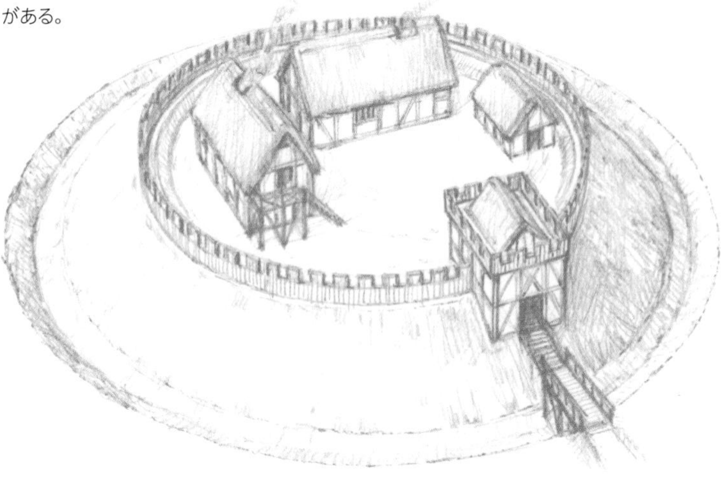

ジョン王の城

King John's Castle

アイルランドのリメリックにあるジョン王の城はイングランドのジョン国王によって1210年頃に建てられた。シャノン川の側に位置し、川に架かるトモンド橋から町への進入路を見張っていた。平面図ではこの城は円筒形の隅塔を備えた変則的な正方形だった。道路へ向かう北側の城門は一対のD形の塔で脇を固められていた。

キッドウェリー城(平面図)

Kidwelly Castle

南ウェールズのキッドウェリーに12世紀初期に建てられたこの城は最初から包囲城だった。半月形の外郭は当初の木造城郭の輪郭が広がったことを表している。13世紀後期には四角形の内郭が主要な住居施設を収容するように建築された。

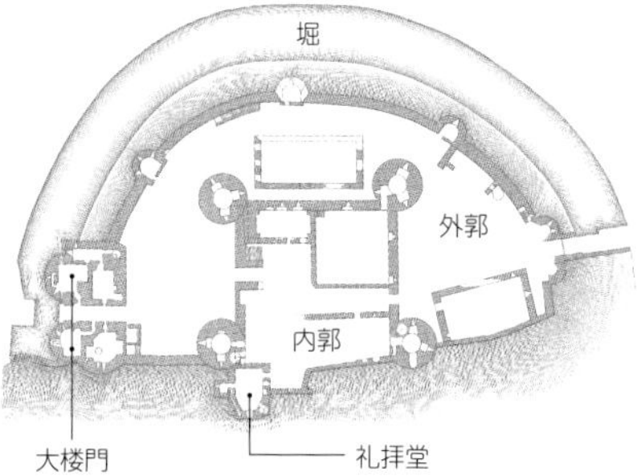

グランドソン城

Château de Grandson

スイスのヌーシャテル湖北西の湖岸に建つグランドソン城は主に13世紀にさかのぼり、当時はサヴォイ県内に位置した。その当時サヴォイはイングランドと特別な関係にあり、2つの地域の城郭には様式上の関連性があった。グランドソン城はオット・デ・グランドソンの先祖伝来の屋敷で、彼はエドワード1世に仕えて長い年月をイングランド、ウェールズ、フランス、聖地で過ごした。この城は多数の不規則な間隔をあけて並ぶ円筒形の塔を備えた変則的な長方形を形成する。

複数の中庭 *Multiple Courtyards*

ノッティンガム城
Nottingham Castle

1068年に征服王ウィリアムによって建てられたノッティンガム城はモット&ベイリー式形態を多少は備えており、「モット」は3カ所のベイリーの一番奥の部分を形成するのに十分な大きさの自然の岩で、中央と外側のベイリーは占拠する土地が徐々に低くなり、収容する住居施設は次第に簡素になっていった。進入路は外郭を通って中郭へ、そして内郭へと続いた。

多くの城郭には２つ、時にはそれ以上のベイリーがあり、その合体したベイリーをいくつかの防御地区に分けて、それぞれが異なる機能に特化されていた。そのような場合には、１つのベイリーから別のベイリーへとしばしば発展を遂げた。この設計では階層的構造を示し、城主の住居設備が城内の最も離れた場所に設けられ、近づきやすい場所にはあまり建物が建てられていなかった。このような状況もまた防衛様式に組み込まれるのかもしれない。しかし、複数の中庭のある城郭がすべてそうした状況だったわけではなく、中にはベイリー間にある程度の独立性があった城もあったようだ。

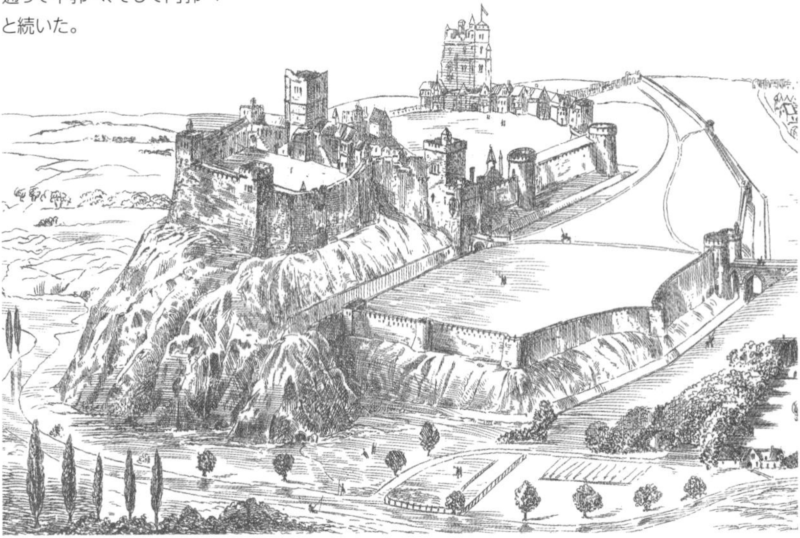

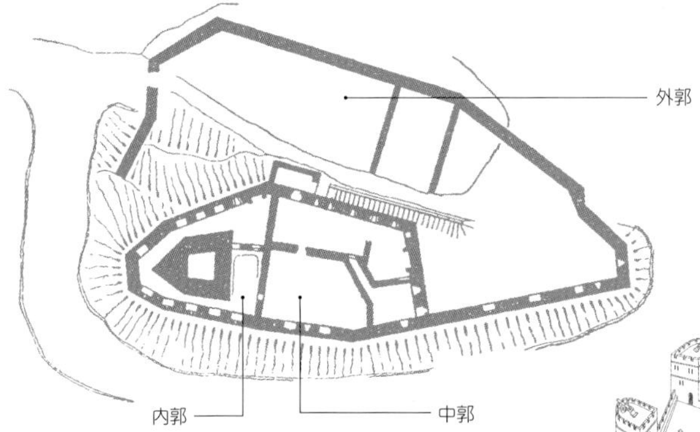

オルタンブール城(平面図)

Ortenbourg Castle

強力な防衛上の配置を生み出すために採用された3ベイリー方式はフランスのアルザス地方にある13世紀のオルタンブール城で見られる。内郭は最高地点を占拠し、中郭はすぐ南隣のより低い土地にあり、外郭は防壁のこの内側の線の東南側の周囲を包囲していた。外側の門から内郭への進入路は急勾配の回り道で完璧に支配下にある。

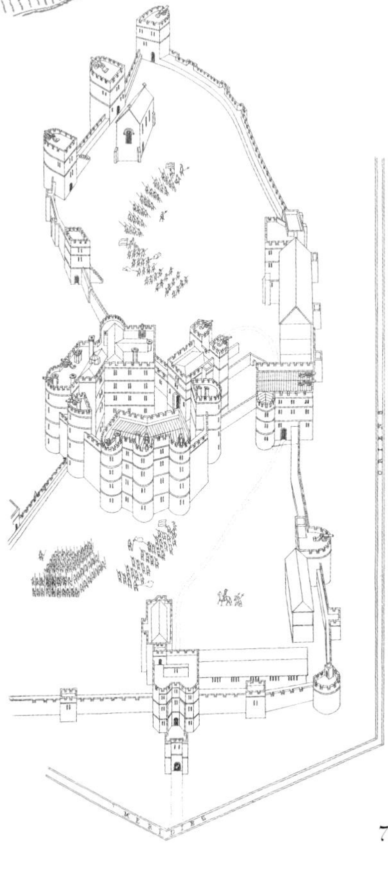

アニック城(右図)

Alnwick Castle

アニック城は2つのベイリーのあるモットとして1096年に最初に建てられた。モットはその後一部平地にされて、2つのベイリーの接合地点にシェル・キープが建てられた。14世紀にはこの主塔の横に第3の中庭を包囲する住居棟が並んだ。それ以来、進入路は外門を通って西のベイリー内に、中央の門を通ってシェル・キープの南へ、そして東のベイリー内に、やがて内門を通って主塔へ通じている。

同一中心型の城郭
Concentric Castles

ドーヴァー城
Dover Castle

1180年代には国王ヘンリーⅡ世がケント州のドーヴァー城に巨大な長方形の主塔を建築した。彼は長方形の城壁塔に合わせて幕壁内に包囲して内郭を造った。これ自体は外幕壁内に包囲された。この城は完全な同一中心型ではなかった――外幕壁は三方の内幕壁の線に従っているだけである――が、その配置は一般的な原理が確立されたことを表している。

同一中心型の城は13世紀中に発達した複数の中庭のある城郭の一様式である。この概念はおそらく中東部に起源がある。ベイリーが直線上に展開せずに、内郭が同じような設計の外郭に囲まれている。イングランドやウェールズではこの様式が1270年代以降国王エドワードI世と特に関係が深く、最初はロンドン塔で、この当時と後の世紀のウェールズの征服の間にも外側防壁を受け入れていた。イギリスの城郭建築は13世紀後期に全盛期に達したが、同一中心型の要塞の概念はそれよりも100年ほど前のドーヴァー城の再建の間に習得されていた。

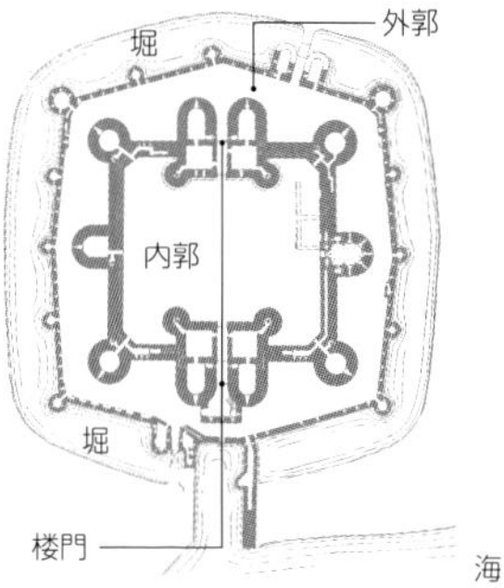

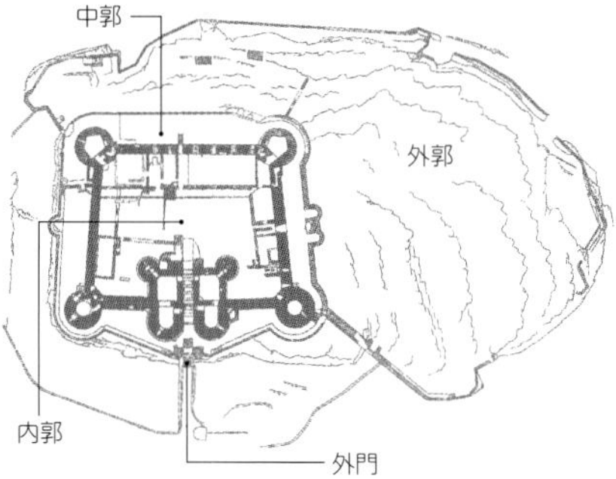

ボーマリス城(平面図)

Beaumaris Castle

エドワードI世の建てたウェールズ城郭の1つ、ボーマリス城は、メナイ海峡を支配してエドワード様式の城が頼みとしていた海路の安全を確保するために、1295年に建築が開始された。この平面図は平坦で妨げる物のない沿岸地ならではの大胆な左右対称の設計を示している。内郭の壁が外郭の壁の上にそびえ、二対の楼門には独特の力強さが備わっている。

ハーレフ城(平面図)

Harlech Castle

ハーレフ城はイングランドのエドワードI世がウェールズ征服の間に建てた一連の城郭の別の城である。第2次ウェールズ遠征が終結し、グウィネズ併合後の1283年に建築が開始されたこの城は規則正しい同一中心型の設計である。大塔そのものはないが、その機能は城守用の住居施設を備えた巨大な内側楼門が効果的に実現していた。

内郭と外郭 : ハーレフ城

Wards: Harlech Castle

低い幕壁が包囲し、小さな楼門を通って入城するハーレフ城の外郭はほとんど軍事施設である。内郭の壁はさらに高くそびえて外郭を見下ろしているため、火器は広角で常に城外を狙うことができ、敵に外郭を占有できないと思い込ませる狙いがあった。

統合型の設計 *Integrated Plan*

初期の包囲型城郭では、多くは住居面と防衛面が建築上も機能上も完全に独立した存在だった。13世紀以降は、居住施設と防衛施設を統合して、小型で多くは対称的な設計を作り出す傾向があった。この様式の最も初期の城郭の1つはイタリアのプーリアにある1240年頃のデル・モンテ城だが、統合型の中庭のある城郭が一般的な様式となったのは14世紀になってからで、多数の例が新築された。イングランドでの最も大規模な例の1つはノースヨークシャー州にある14世紀後期のボルトン城で、イングランド北部にある数々のその後の建築物に影響を及ぼした。

ボルトン城
Bolton Castle
ヨーク大司教リチャード・スクループのために熟練石工ジョン・ルウィンによって1377年～1395年頃に建てられたボルトン城は主要な2～3段階で建築された。この城は大規模で複雑な設計である。2～3階建ての居住区域で連結された5階建ての長方形の隅塔が四角形の中庭を取り囲んでいる。

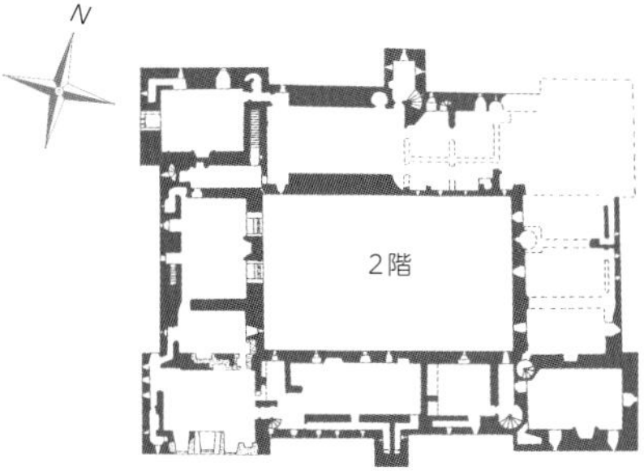

1階 ： ボルトン城(平面図)

Ground-floor: Bolton Castle

主要城門が中庭に通じ、そこから5カ所の入口を通って内部へ進入できた。ボルトン城のような大きく複雑な屋敷では複数の入口が便利だったが、進入を抑制するのにも役立っていた。1階の大部分は醸造所、製パン所、食品倉庫、馬小屋を含む業務用に割り当てられていた。

2階 ： ボルトン城(平面図)

First-floor: Bolton Castle

主な住居棟は北側区域の西端にある2階の大広間に集中していた。大広間は西側区域の居住室と、2階とそれより高層階にある西塔へ通じる共同の入口として機能していた。東側と南側の区域にはあまり宿所はなく、使用人はおそらく南東区域に集められていたのだろう。

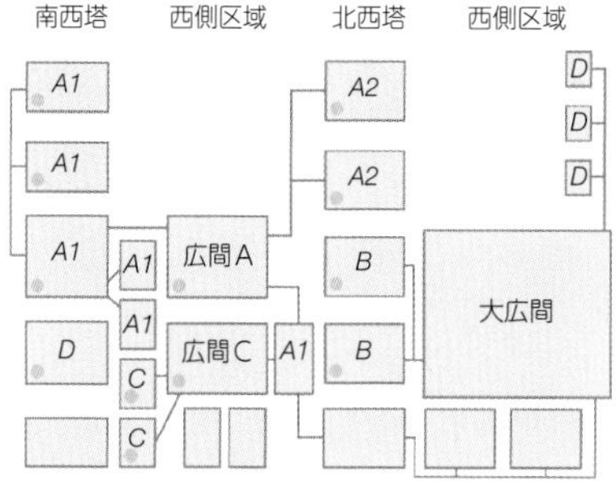

見取り図 ： ボルトン城

Planning diagram: Bolton Castle

ボルトン城内部を分析すると、情報伝達を徹底した線図による空間設計の複雑な配列が明らかになる。この概略図は多数の個室(D)と同じく、複合居住室(A、B、C)の各部屋が広間を中心としていることを示す。

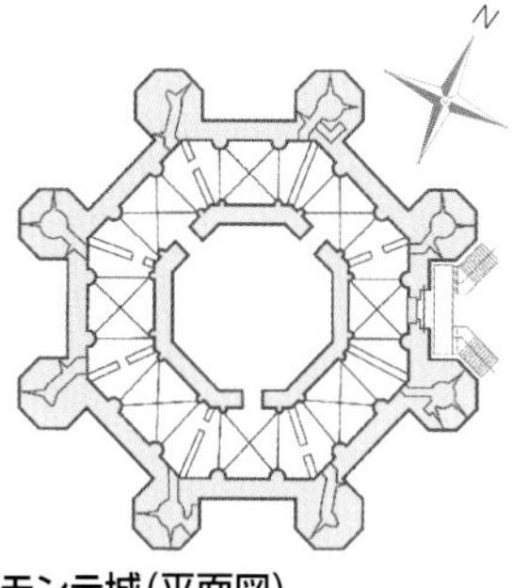

デル・モンテ城(平面図)

Castel del Monte

多くの統合型城郭の先駆けはデル・モンテ城であり、この城はイタリアのプーリアにある丘の頂上に、神聖ローマ皇帝フリードリヒⅡ世のために建てられた1240年頃の狩猟用屋敷である。その対称的な設計―正八角形―はめったに実現しない建築上、数学上の理想を具体化している。

変則的な設計 *Irregular Plan*

リッチモンド城
Richmond Castle
ノルマン人の征服直後までさかのぼる、ノースヨークシャーにあるリッチモンド城はスウェイル川を見下ろす断崖絶壁の上に建っている。珍しく大きな中庭は略三角形である。これは城が建てられた自然の台地の形状によって決まった。

多くの城郭は変則的な設計で建築され、たいてい地形学的用語で説明できる現象は、城を特定の場所に建築する際の主要な選定理由が多くは立地の防衛力だったという事実に帰する。丘の頂上、断崖、水辺といった場所は城郭建築家が有効利用した種類の立地だった。この地形学的な基盤は、一度設計の必須要素が確定すると、それらは本来変更される見込みはなく、その後の作業は最初の設計図にかなり制約された。

ペナフィエル城

Peñafiel Castle

スペイン北部にあるペナフィエル城の細長い特徴は狭い山の背に建つその敷地のせいである。この城には「大きな船」として有名なスペイン様式の重要な特性がある。内幕壁は円形の塔や小塔とともに建ち並び、細長い包囲地を包囲している。幕壁上にそびえ立つ3階建ての四角い主塔は船の船橋を表し、建築上の中心となっている。

クジヴォクラート城

Krivoklát Castle

もう1つの丘の上の遺跡はチェコ共和国にあるボヘミア国王の城、クジヴォクラート城である。当初木造だったこの城は、プシェミスル朝オタカルⅡ世とヴァーツラフⅡ世のもとで13世紀後期に石造に建て替えられ、1492年～1522年にウラースローⅡ世のもとで再度再建された。クジヴォクラート城は変則的な三角形の設計図で建てられており、2つの内郭の周囲には住居棟が並び、頂上には円筒形の大塔がある。

オー・クニクスブール城（平面図）

Haut-Koenigsbourg Castle

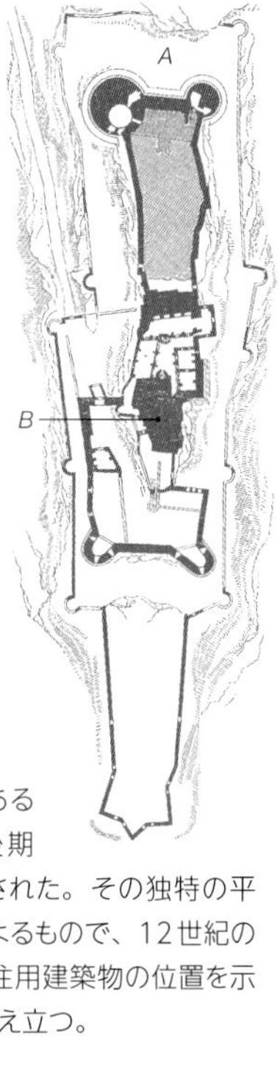

オー・クニクスブールにある12世紀の城は15世紀後期と19世紀末の三度再建された。その独特の平面図は山頂の立地特性によるもので、12世紀の城の立地場所と主要な居住用建築物の位置を示すAからBの頂上へとそびえ立つ。

対称的な設計：四角形
Symmetrical: Rectangular

ヴァンセンヌ城
Château de Vincennes

フランスのヴァンセンヌ城は12世紀以降、国王の狩猟用屋敷だったが、14世紀後期には再建されて直線平面図の巨大な堀を巡らせた城へと生まれ変わった。ベイリーの長側面の1つにある入口には高さ52mのドンジョンを建築でき、国王一家の私的住居棟を収容した。正方形のドンジョンは円形の隅塔を備え、専用の堀のある正方形の幕壁または腰巻壁の内部に配置され、専用の城門が配備された。

設計図の変則性が普通である一方、12世紀以降はより対称的な小型の設計が広く採用された。初期の一例はルーヴル宮殿で、1190年にフィリップII世（尊厳王）によってパリの壁の外側に四角形の城郭建築が開始された。（現在はその基盤を縮小し、ルーヴル美術館内からクールカレアンの下に見ることができる。）13世紀後期のウェールズ征服の間にエドワードI世のために建築された複数の城郭は対称的な設計で建てられ、その中にフリント城とボーマリス城も含まれ、両方ともが四角形だった。14世紀までは四角形の中庭設計が城を新築する建築家たちには理想となっていた。

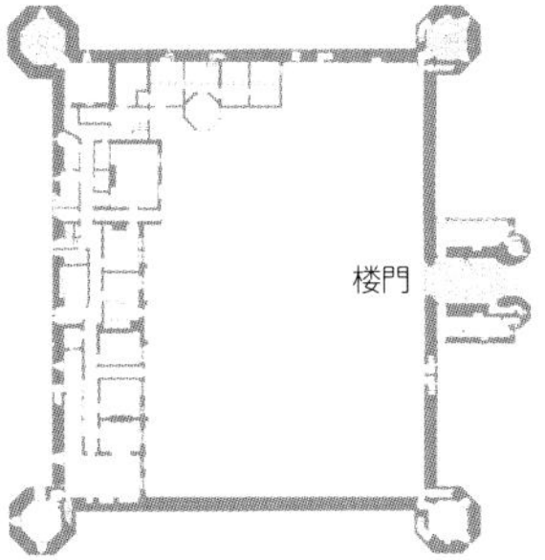

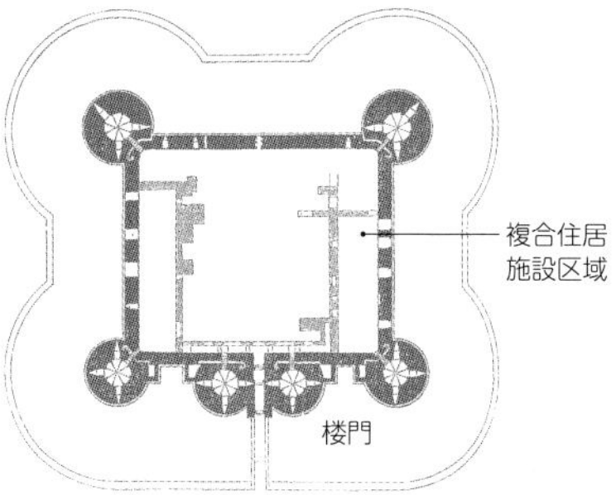

マクストーク城(平面図)
Maxstoke Castle

1345年に建築が許可されたマクストーク城は歴戦の一兵士によって建てられた城の一例である。城の建築者、ハンティングドン伯爵ウィリアム・ドゥ・クリントンと100年戦争の古参兵たちが、八角形の隅塔と中央に配置された楼門のある四角形の設計図を選んだ。ハンティングドンの軍事的実績にもかかわらず、美的感覚が設計の大部分を担った。

ヴィランドロー城(平面図)
Château de Villandraut

1305年に教皇に選ばれたクレメンス5世はヴィランドローの自分の城のために、円筒形の隅塔を備えた四角形という対称的な形を選んだ。2基の双子塔が城門の側面を固めて南側正面の中央に配置され、居住用建築物が並ぶ四角形の中庭へと通じていた。

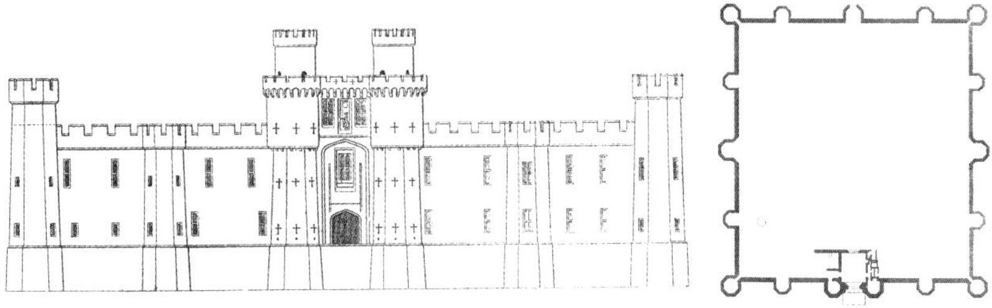

ハーストモンス城と平面図
Herstmonceux Castle and plan

1441年の建築許可の下で建築されたハーストモンス城は、中世後期のイギリスの城郭設計にシンメトリーが採用された段階を表している。この当時のイギリス城郭では比較的珍しい手法の煉瓦建築で、平面図は八角形の隅塔と半八角形の中間塔を等間隔で配置した略正方形である。メインファサードも対称的な外観を生み出すように設計された。測量上わずかに矛盾はあるが、規則性のある全体への影響はほとんど損なわれていない。

対称的な設計：その他の形状
Symmetrical: Other Plans

四角形の設計図はそれが住居設計に与えた実利のおかげで、対称的な設計として最も好まれていたが、その他の形状も採用された。最も初期の設計の1つは、1240年から神聖ローマ皇帝フリードリヒⅡ世のために建築された、イタリアのプーリアにあるデル・モンテ城の八角形の設計図だった。この城は軍事的建築物の最高傑作である。このような建築物は城郭建築者たちが珍しい視覚的に効果的で実践的な設計を創作する際に、彼らに幾何学的知識や知的技術を使用する機会を与えた。

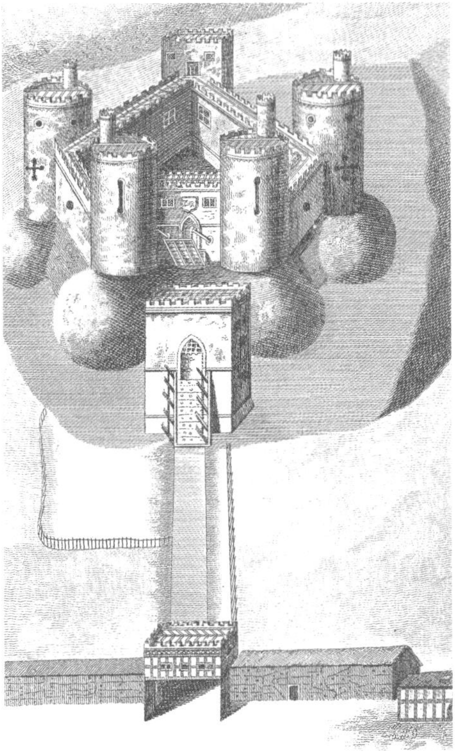

五角形の設計図 ： ホルト城
Pentagonal plan: Holt Castle
ウェールズにあるホルト城のために正五角形という非常に珍しい設計図が選ばれた。幕壁の内周面に住居施設が並び、各隅部に塔が建っていた。この城はおそらく1282年のウェールズでの戦争復興に応えてサリー伯ジョン・ド・ウォーレンのために建てられたのだろう。国王の石工たちが設計に加わっていた可能性がある。ホルト城は17世紀に破壊されたが、その特徴は破壊前に描かれた絵によってわかる。

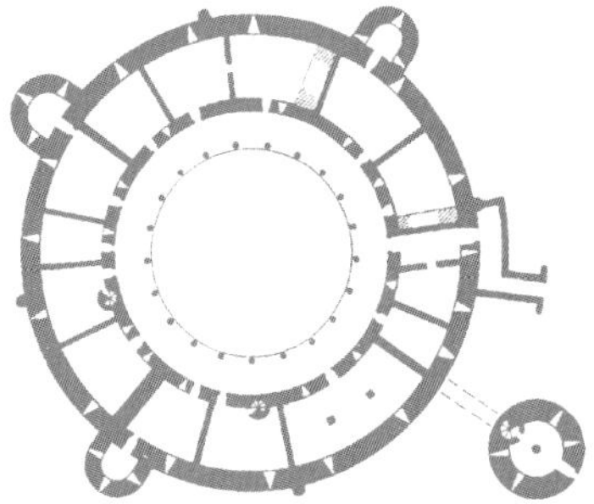

円形 ： ベルベル城（平面図）

Circular: Bellver Castle

マリョルカ島パルマ湾に近い14世紀初期の王宮ベルベル城には、3つの方位点に突出するD形の塔と4番目の地点に独立した大塔を備えた円形の設計図がある。住居棟は幕壁内部周辺に並び、中庭は2階建てのロッジア（柱廊）に囲まれていて、その下は座ったり散策したりする日陰の憩いの場所となっている。

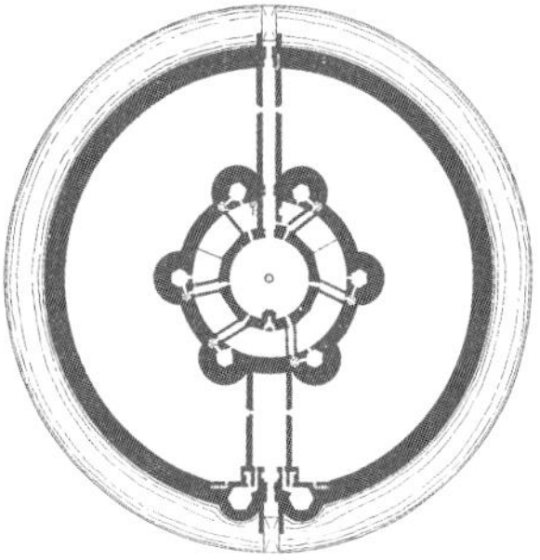

同一中心型 ： クイーンズバラ城（平面図）

Concentric: Queenborough Castle

ケント州のシェピー島にあるクイーンズバラ城は1360年代にエドワードⅢ世の命令で熟練石工ジョン・ボックスによって建てられた。城の主要な建物は直径約41.15mあり、ベルベル城の類似の建物よりも少し短い。ベルベル城に比べてクイーンズバラ城には円形の幕壁と濠に囲まれた外郭があり、そのために同一中心型の城となっている。

クイーンバラ城

Queenborough Castle

ウェールズ北部にあるエドワードI世の同一中心型の城と同じく、クイーンズバラ城の主要な建物は外幕壁よりも高くそびえ立ち、外郭を見下ろしていた。等間隔に建つ円形の小塔が主要な建物から突出してそびえていた。17世紀に城が破壊されたせいで、その内部配置は定かでないが、主な住居施設は主要な建物の2階にあったようだ。

イントロダクション

Introduction

中世の終わりには軍事施設としての城郭は非常に時代遅れとなっていた。戦略拠点を占拠し、そのために実用性を維持していた古城は、砲術が進化したために弱体化された。17世紀はヨーロッパでは不穏な時代で、その結果城郭は被害を受けた。イングランドでは1642年～1649年に内戦が起こり、議会決定による多数の城郭の破壊または「倒壊」を招いた。城郭に対する内戦の破壊的影響は17世紀の中央ヨーロッパでの戦争、特に30年戦争（1618年～1648年）にある程度反映され、火薬の破壊力による大量破壊にも影響した。

フランス革命 : バスティーユ

French Revolution: The Bastille

国の牢獄、王権弾圧の憎悪の象徴として、14世紀後期のバスティーユはフランス革命家たちの激しい怒りの犠牲となった。バスティーユは1789年7月14日に襲撃された。その直後から破壊が始まり、その年の終わりには建物は完全に崩壊した。1899年、地下鉄建設の際に塔の1つの基礎が発掘され、アンリ・ガリ公園に移設された。その概略はバスティーユ広場に記されているが、その姿は視界から消えている。

イングランド内戦 ： ブリッジノース城

English Civil War: Bridgnorth Castle

シュロップシアにあるブリッジノース城の12世紀の主塔は1646年に議会党員たちによって爆破され、イングランド内戦時代に城郭に与えられた暴力の驚くべき証拠となっている。16世紀までは腐食した状態で王党員たちが要塞としてこの城を使用し、その終焉を早めた。

イングランド内戦 ： コーフ城

English Civil War: Corfe Castle

イングランド内戦のもう1つの犠牲はドーセットにあるコーフ城だった。この地域にいくつかある王党派の城の1つで、1645年に攻め落とされて翌年に爆破された。その遺跡や残骸は建築石材や木材の採掘場として利用された。

30年戦争 ： ドラッヘンフェルス城

Thirty Years War: Drachenfels Castle

ドラッヘンフェルス城はドイツのライン川の上にそびえている。マインツのローマカトリック大司教の城で、30年戦争中に攻め落としたプロテスタント系スウェーデン人たちには当然の標的だった。すぐに奪回されたが、損傷がひどく、後に採石場として放棄された。

30年戦争 ： ラーネック城

Thirty Years War: Lahneck Castle

マインツ大司教のもう一つのラインラントの城であるラーネック城は13世紀初期に建築された。この城は30年戦争中にプロテスタントとカトリックの両陣営から激しく損傷を受け、19世紀に個人所有となった後でようやく改築された。

ゴシック建築の復興 *Revival*

クロンボー城
Kronborg Castle
デンマークのヘルシンゲルにあるクロンボー城は中世の城郭の概念を活用するルネッサンス様式の宮殿である。1574年に建築が始まり、既存の15世紀の城郭の周囲に建てられた。4つの対称的な配置の翼壁が四角形の中庭を包囲し、全部が全く異なる外観の4基の隅塔が高さにおいても非対称的外観を与えている。

16世紀初期までにその城は消滅したが、記憶は消えず、より大きなゴシック建築の復興の動きに焦点を集めることになった。16世紀後期には中世の時代に関する興味がすでに不朽の建築に現れ始め、たとえ明らかに最新様式でも、大邸宅の特性に城が強い影響力を及ぼすようになった。18世紀には風景に点在する多数の廃墟と化した古城が建築家たちに模倣され、19世紀にはゴシック建築の学術的知識が増加するにつれて、それが現代住宅に適応可能である限り、建築上の信頼性を求める欲求も高まった。

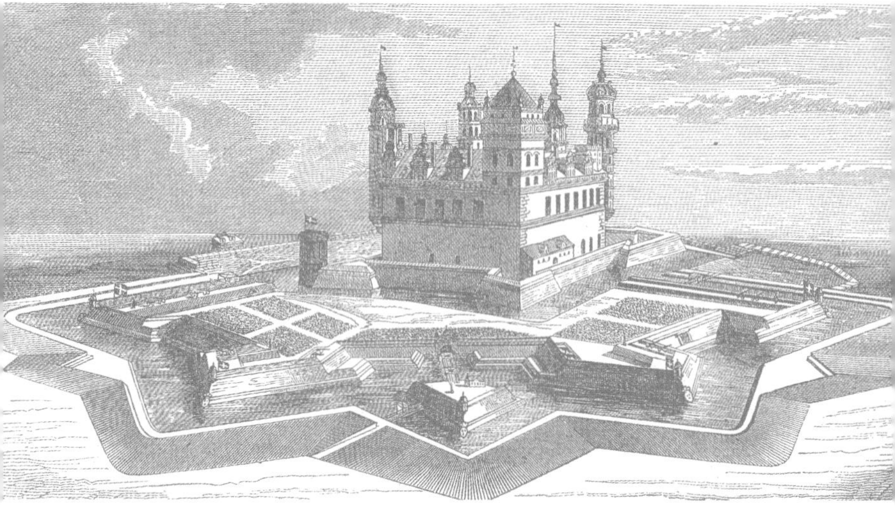

ラルワース城

Lulworth Castle

ドーセットにあるラルワース城は17世紀初期に全く新しい場所に完成した。その規則的な設計と突出した隅塔は中世後期の四角形の中庭を備えた城郭を参考にしている。実際にはラルワース城には中庭はないが、当初は幕壁で囲まれた主塔を思わせるように内側から塔が1基そびえていた。

ボルソーヴァー城

Bolsover Castle

ダービーシアにあるボルソーヴァー城はもう1つの17世紀様式の城だが、以前の城の場所に建てられている。中世に対するこの賛辞としての主な構成要素は1612年に建築が始まった「リトル・キャッスル」または主塔である。一隅に大きな階段式小塔のある正方形の設計で建築されたリトル・キャッスルは中世の設計を模倣している。

ペックフォートン城

Peckforton Castle

19世紀の城郭に納得のいくものはほとんどないが、チェシアにあるペックフォートン城は忠実に中世の外観を持つ建物である。1844年～1852年に建築されたこの城は13世紀後期の様式で、特にウェールズ北部にあるエドワードI世の傑作カーナーヴォン城を参考にしている。

アボッツフォードハウス

Abbotsford House

19世紀初期までには中世の城を模倣することが住居建築の主流の一つになっていた。ウォルター・スコットはアボッツフォードに自宅を建てる際に、中世後期の城郭風建築の特徴を持つことから「スコットランド貴族の屋敷」と称される様式を選んだ。

修復 *Restoration*

新しい城郭風建築物のデザインに影響を与えた中世に興味が復活することで、中世の城郭を保存することも再考されるようになった。それらは旧式で老朽化または廃墟化していたかもしれないが、本物だった。熟慮して改良したり、より抜本的な修復をしたりすることでそうした城郭は、古代人の優秀さを併せ持ち、再度時代に適した快適な住居となる可能性があった。城を復活させることで年老いた家族たちは自分たちの血統を再主張し、若い者たちは過去を記憶しておくために自分たちの高い地位や領地に注目することができた。

トラコシュチャン城
Trakošcan Castle
おそらく13世紀に建てられたトラコシュチャン城はスロヴェニアとの北部国境に近いクロアチアにある。城の保有権は何度か変わった後、1584年にドラシュコビッチ家に認められた。18世紀に一時期放置されて荒廃したが、一家は1840年～1862年にロマンチックはネオゴシック様式で城を再建し、その周囲に美しい公園を造園した。この城には丘の上に戦略的な場所があるが、これが19世紀の屋敷のロマンチックな雰囲気を高めている。

ピエールフォン城、修復前

Château de Pierrefonds, before restoration

初期の絵は城を修復する際の程度の評価に役立つ。パリ近郊のピエールフォン城はナポレオンⅢ世によって再建される前は廃墟だった。建築家ヴィオレルルデュクによる絵が城の修復前の状態を記録している。

ピエールフォン城、修復後

Château de Pierrefonds, after restoration

修復前と修復後の絵を比較すると、基本構造は14世紀よりも19世紀のほうがいかに多いかということがわかる。相当な割合で再建され、現在の建物が本来の特徴をどの程度反映しているかを明確にすることは難しい。

ホーエンツォレルン城

Hohenzollern Castle

ホーエンツォレルン家はドイツのシュトゥットガルト付近にある11世紀に建築された自分たちの城からその名を取った。その一派はプロイセン国王家となり、プロイセン国王フリードリヒ・ヴィルヘルムⅣ世がネオゴシック様式の記念建造物として彼らにホーエンツォレルン城を再建した。

ヴァルトブルク城

Wartburg Castle

もう1つの11世紀の城郭であるヴァルトブルク城はドイツ、チューリンゲンの方伯の座にあったが、中世以降は廃墟と化した。特にマルティン・ルターとのその文化的関連性は、19世紀のその修復と大規模な再建の陰に隠れていた。

CASTLES
第2章

特徴のある特徴
Feature by Feature

イントロダクション
Introduction

大塔とモット
The great tower and the motte

大塔とモットの間には強固な関係がある。どちらもその高さで城の中心となり、モットはしばしばその上に塔がそびえたり、地面に建築された塔の擁壁の役割を果たしたりした。石造の主塔は多くの場合既存のモットの頂上に建築された。

城郭の最も記憶に残る外観の1つは大塔または主塔であり、多くの場合、城主の住居の一部を形成していた。フランスでは大塔は城主（dominus）を表すラテン語に由来する呼び名、ドンジョン（donjon）として通常知られていて、ドンジョンが特に君主の統治権と関係していたことを示唆している。スペインでは大塔はtorre del homenaje（忠誠の塔）と呼ばれ、君主に忠誠の誓いを表す中世の封建社会における習慣を反映している。イングランドでは「大塔」「ドンジョン」「主塔」という用語が区別なく使用されている。

改装された構成要素

Converted elements

大塔は城に必ずしも最初からある構成要素ではなかった。包囲城の中には後の時代に主塔が追加された城もあった。ノースヨークシャーにあるリッチモンド城では、12世紀の主塔が11世紀の楼門の場所に建築され、構造上楼門の一部に組み込まれている。

追加された主塔

Additional keeps

城には時として複数の大塔がある。カスティーリャの国王ファンⅡ世は、15世紀中にスペイン中部にあるセゴビアのアルカサル城の住居施設を増築する際に、既存の大塔とは城の反対側の端に第2の主塔を建築した。

傾斜した柱礎

Battered plinth

サウスヨークシャーにあるコニスボロー城の広がった、あるいは少し傾斜した台座にはモットの名残が見受けられ、その内部には塔の地下室がある。2階の高さまでくると厚さが薄くなるこの分厚い下部の壁が、主塔にさらに大きな構造上の安定感を与えている。

シェル・キープ *Shell Keep*

多角形の設計図
The polygonal plan

多くのシェル・キープは平面図では多角形である。これは立地の物理的特徴から生じた問題に対する合理的な解決策だった。リンカンシアにあるリンカン城の、2カ所あるモットの一方の頂上に建つ12世紀のシェル・キープは柱形の控え壁で区切った15面体だった。

モット&ベイリー式城郭の木造建築物は消滅して久しいが、絵画的、考古学的証拠によると、モットの頂上は必ず木造の矢来で囲まれ、時には塔や他の建築物で包囲されていたことを示している。モット&ベイリー式城郭が石造に改築されるようになると、この矢来は石造の外壁に取って代わられた。このような建築物は「シェル・キープ」として知られるが、主塔というよりも実は包囲建築物である。大半は11世紀～12世紀にさかのぼるが、多くの城は状況に応じて後の時代に改築された。

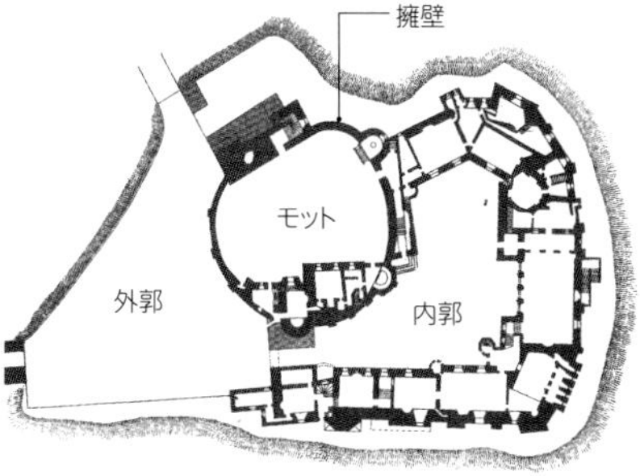

擁 壁

The revetment

大半のシェル・キープはモットの頂上に建築されたが、中にはそれらがモットの外装石材の上部増築部である例もある。その一例がグロスターシアにあるバークレー城で、その城の12世紀の改築にはモットの擁壁が含まれていた。

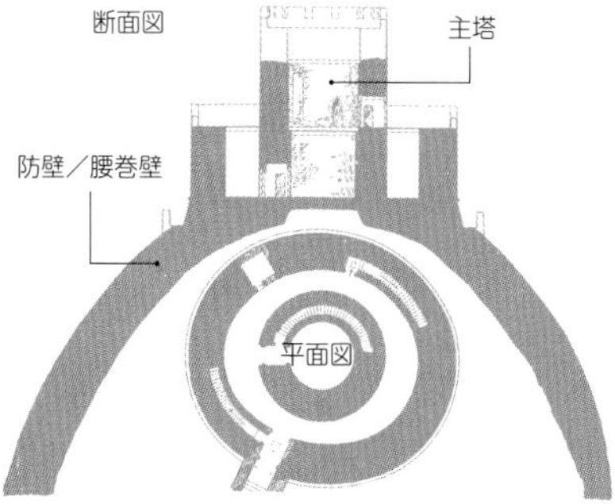

防壁または腰巻壁(平面図)

The mantlet or chemise

コーンウォールにあるローンセストン城のように、時にはシェル・キープと主塔を組み合わせた例がある。この12世紀の塔は13世紀の壁に囲まれており、この壁が自立していればシェル・キープと呼ばれただろう。しかしこうした状況では、防壁または腰巻壁と呼ぶほうがふさわしい。

城主の住居

The lord's residence

シェル・キープ内にはしばしば城主の住居棟があったことを示す証拠は多数残っている。そのような複合建築物はほとんど現存していないが、スタッフォードシアにあるタムワース城のシェル・キープには19世紀末までずっと人が住んでおり、現存する中世建築物の中で15世紀の木造骨組の大広間が残っている。

ホール・キープ *Hall Keep*

ホール・キープの比率
Hall keep proportions
ホール・キープの11世紀の例はエセックスにあるコルチェスター城にある。この城は1070年代に建築が始まった。北東から描かれたこの主塔は一般的な主塔の比率とはかなり食い違った低い外観をしている。ホール・キープには2つの主要階があり、各階で似たような住居施設がホールに集中していた。

主塔の前身は安全のために2階の高さに建築された中世のホールである。高い場所に造られたホールが明らかに進化したものがホール・キープである。横寸法に関して低いこの形によって結果的に比較的低い建物が生まれた。住居施設の範囲を増やすために近接した2つのこうした建物を建築することで、より大きな建物構造が生まれたのかもしれない。ホール・キープは一般には2～3階建てだが、中には後の時代に建てられて主塔に改築されたものもあった。

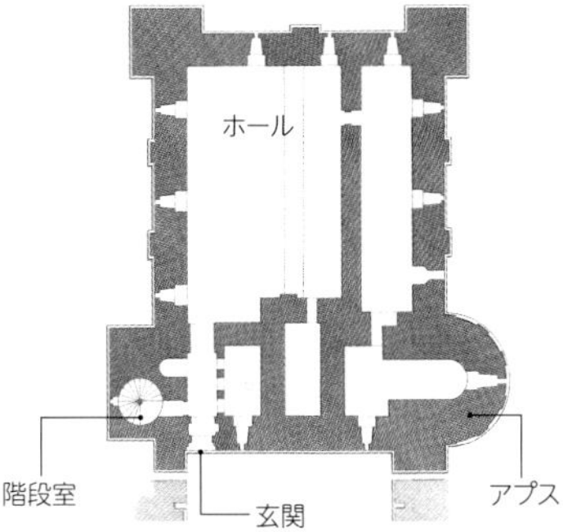

ホール・キープの主要玄関

Hall keep main entrance

コルチェスター城の主要玄関は1階にあったが、主塔がローマ時代の神殿の丸天井の腰壁上に建築されたときにこの階は実質上建てられた。玄関は上層階へ通じる主要階段室のある隅塔の1つに隣接している。

ホール・キープ1階(平面図)

Hall keep ground-floor

コルチェスター城の1階の玄関はロビーへ開かれており、階段室を通って1階、2階の部屋へ自由に出入りすることができた。アプスのある突出部によって生まれた珍しい平面図は、同時代のロンドン塔のホワイトタワーに非常によく似ている。いずれもおそらく大陸の先例に影響を受けたのだろう。

ホール・キープ

Hall keep

ホール・キープは引き続き12世紀にも建築された。その一例は1140年頃にさかのぼるノーフォークにあるライジング城である。非常に装飾的な前室がこの豪華な屋敷の前に建っていた。その内部では大階段室が主要建物の片側を占める2階の大広間前の玄関ホールへと通じていた。

タワー・キープ *Tower Keep*

その少し後で開発されたのが、少なくとも3階建て以上の高さのある建物、タワー・キープである。最も初期のタワー・キープは11世紀にさかのぼり、その形状は中世を通じて城郭建築の主要部分を維持していた。やがて現在のように、城主たちや建築家たちが建築的効果を生み出す高さを好み、大半のタワー・キープはおそらく格式高い住居として見上げられなければならなかったのだろう。それらは無論安全な住居だったが、より高層で建築することによる防衛上の利点は特になかった。

初期のタワー・キープ
Early tower keep
フランスのロワール渓谷にあるロッシュ城のドンジョンは11世紀初期に建てられた。主塔は高さ30m以上の4階建てである。壁内部の高い部分にある細長い安全な射眼からの明かりで照らされた天井の高い地下室が、高級住居施設のある3階分の上層階を支えていた。ここではドンジョンの2通りの外観が描かれている。

目の錯覚

The optical illusion

高さを求める欲望は時として住居施設の必要性に勝った。エセックスにあるヘディンガム城の主塔は外見上５階建てに見えるが、建築時は３階までしかなく、地下室、低層階の広間、窓付きの回廊のある天井の高い高層階の広間だけだった。「4階、5階」は実は偽の窓を設けた、屋根を隠す一枚の壁だった。

独立したタワー・キープ

The detached tower keep

少数例では、マリョルカ島のパルマ付近にあるベルベル城の「忠誠の塔」のように、大塔を入口付近の城郭の外に配置して強調している。この塔は遠くから城の輪郭に特色を与え、訪れる者たちが城門へ到着するまで彼らの注目を引き付けている。

山頂の主塔

The hilltop keep

高さを得る手助けとして自然環境を利用することもできた。フランスのアルザス地方にあるランドクロン城のような山上の立地では、大塔は山頂に設置され、垂直性と劇的効果だけでなく、その視覚的範囲を増大させる戦略だった。

前室 *Forebuilding*

大塔へ通じる入口はたいてい前室によって防御されていた。これはポーチとしての役割を果たし、階段室も防御し、また大塔専用の入口はたいてい上層階の高さにあった。前室は比較的初期に発展した。例えばフランスのロワール渓谷にあるロッシュ城の11世紀初期のドンジョンには最初から1つ備わっていた。この前室は当初からドンジョンと同じ高さまで伸びていたが、たいていは主要な建築物よりも低かった。

統合型の前室
The integrated forebuilding
中には前室が主塔と一体化して覆い隠されている場合もある。フランスのノルマンディーにあるアルク・ラ・バタイユの12世紀初期の大塔では、前室は当初は主要玄関上の1建ての建物として建築され（右手のアーチ形の下）、やがて建物の隅部周辺を覆い、建物と同じ高さに達している。

ドンジョンの断面図

Donjon section

アルクのドンジョンの隅部には階段室最下部にある入口の間へ通じる第2の扉があった。一本の長い直線の階段が3階の踊り場へ直接上り、そこから戸口が玄関ホールへと開けていた。この踊り場は上の階の石落としによって防御されていた。

ポーチ

The porch

時には前室は防御的外塁というよりもむしろ張出し玄関だった。サフォークにあるオーフォード城は1160年代にさかのぼる非軍事的建築物である。主塔の低層の前室は主要建物と、3基ある突出した小塔の1基との間に位置する。最下部には牢獄の独房があり、2階には玄関ロビー、3階には礼拝堂がある。

礼拝堂

The chapel

多くの例では前室には礼拝堂があった。ニューカッスル城では、12世紀後期の主塔の全長にわたって伸びる前室の1階は城の礼拝堂に完全に占拠されていた。礼拝堂の入口の隣にある門塔から、3階の主要玄関へ通じる大階段へ行くことができた。

円筒形の主塔 *Cylindrical Keep*

初期の大塔は平面図では四角形だったが、後に他の形も出現し、一番人気があったのは円筒形の主塔だった。最古の主塔の1つは、フランスのロワール渓谷にあるフレトゥヴァル城にあり、推定11世紀後期にさかのぼる。イングランドでの最古の円形主塔はサフォークにあるニューバッケンハム城で、推定1140年頃にさかのぼる。円筒形を採用したのはより優れた構造上の安定性と偏向特性による場合が多く、そのいずれもが掘削や砲撃を防ぐのに役立っていた。おそらく流行も手伝って円筒形の主塔を採用するようになったのだろう。

クーシー城

Château de Coucy

円筒形のドンジョンの最高傑作は、フランスのピカルディーにある1220年頃のクーシー城のものだった。高さ約60mに上り、直径30m以上、壁の厚さは地上の高さで7mだった。3階すべてが背の高いリブ・ボールトで覆われていた。この構造には富、権力、支配がにじみ出ていた。

1階（平面図）
Ground floor

クーシー城のドンジョンへの進入路は周囲の溝に架かる橋を経て中庭から通じていた。落とし格子、2つの扉、鉄格子で防御された玄関通路は便所（左）、上層階へ通じる階段室（右）、井戸や暖炉を設備した1階の部屋へ通じていた。

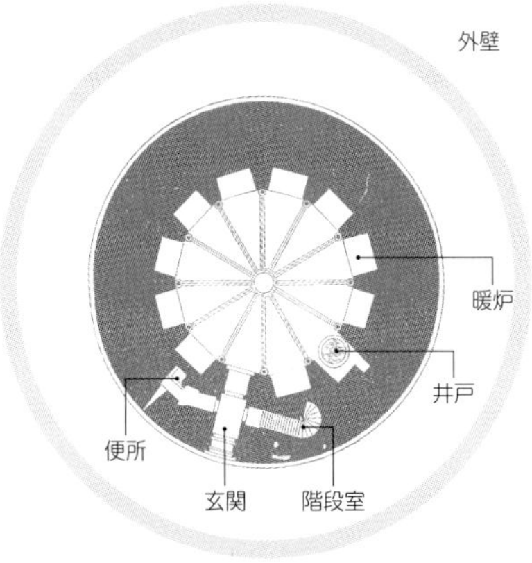

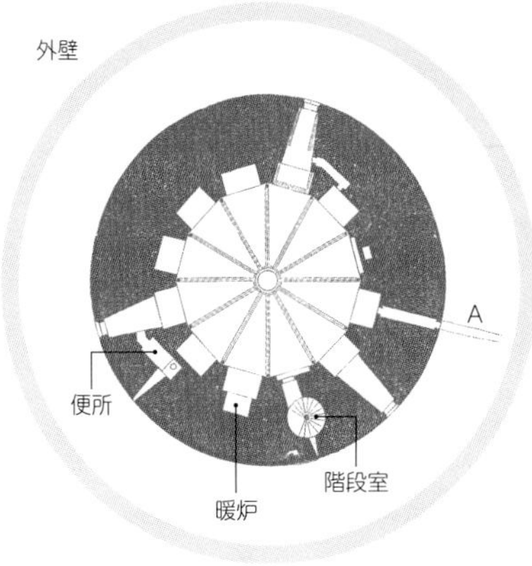

2階（平面図）
First-floor

クーシー城にある螺旋形の階段室を2階へ上っていくと、暖炉と便所を設備した一室があった。凹形の1つの内部にある裏門（A）を通ると、周囲の溝の歩廊（城壁通路）を包囲する腰巻壁へ行き来することができた。

3階（平面図）
Second-floor

クーシー城の3階には最も立派な部屋があった。中央の部屋の高さよりも約3m上にある壁上回廊を通ると、部屋の周囲に伸びる凹形内部に収まった木造バルコニーへ行くことができた。この部屋はおそらく儀式用会場として機能し、これらのバルコニーは観客席だったのだろう。

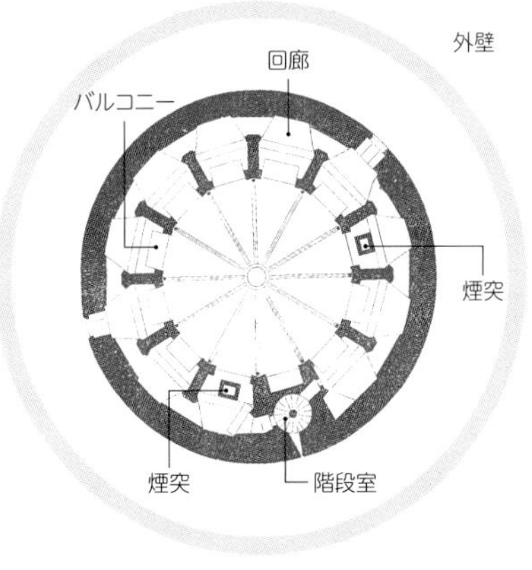

円筒形の変形
Cylindrical Variants

コニスボロー城
Conisbrough Castle
ヨークシャーにあるコニスボロー城の12世紀後期の主塔は円筒形の塔の精巧な変形である。この主塔には外周上に対称的に配置された6基の半多角形の小塔がある。これらは非常に頑丈で、防衛上、構造上または芸術上の意図があったのだろう。

四角形の主塔の伝統に慣れた者ならだれもが円筒形の設計は革命的に思えたにちがいない。変更を加えない円形の平面図の大塔は多数建築されたが、その他に円形の基礎に小塔を追加した変形例もあった。そうした付属物は城壁上の部屋用空間をうまく作り出し、ごくまれにこれが最重要検討事項となったようだ。建築家の中には円筒形に方位がないことが混乱を招くと気づいたり、単調な高さを緩和する必要性を感じたりした者がいたのだろう。

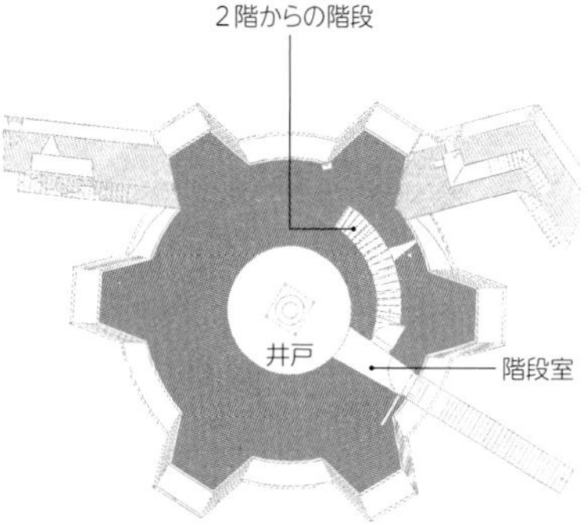

1階(平面図)

Ground floor

入口は2階の高さにあり、階下の丸天井の地階にある井戸へ通じる、石畳の床の中央に穴の開いた質素な部屋へと続いていた。他に地階へ通じる通路はなく、倉庫としての役割を果たしていたにちがいない。

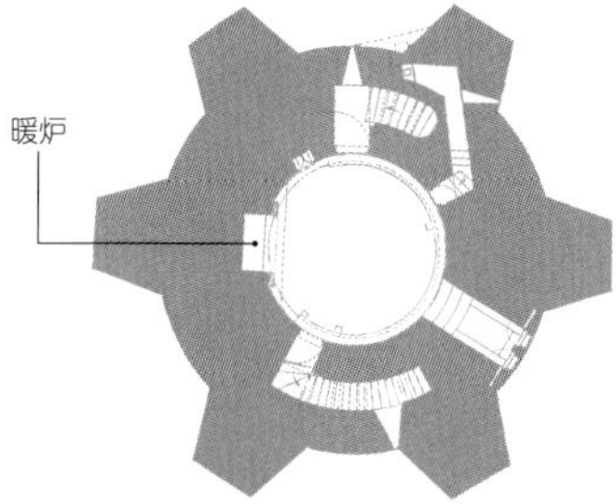

2階(平面図)

First-floor

入口通路から城壁上の階段室は大きな居住用の一室へと通じていた。そこには覆い付きの暖炉と、城壁上の寝室へ通じる通路があった。窓の朝顔口の1つから離れた別の階段室を上がると上層階や屋根へ行くことができた。

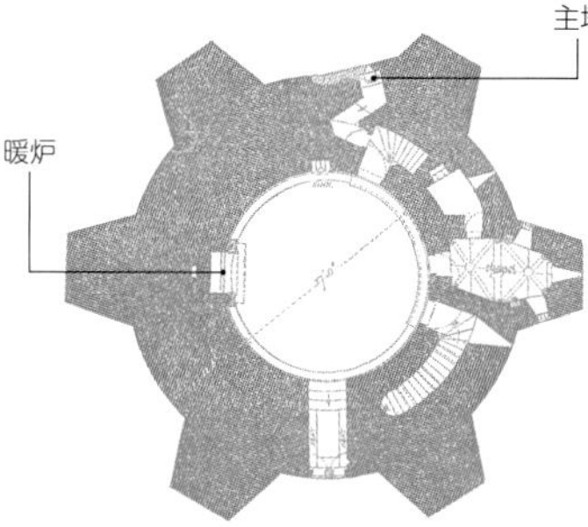

3階(平面図)

Second-floor

3階の高さには暖炉と寝室を備えたもう一つの大きな部屋があり、小塔の1つには礼拝堂があった。主寝室からはもう一つの階段室が屋根へと通じていた。

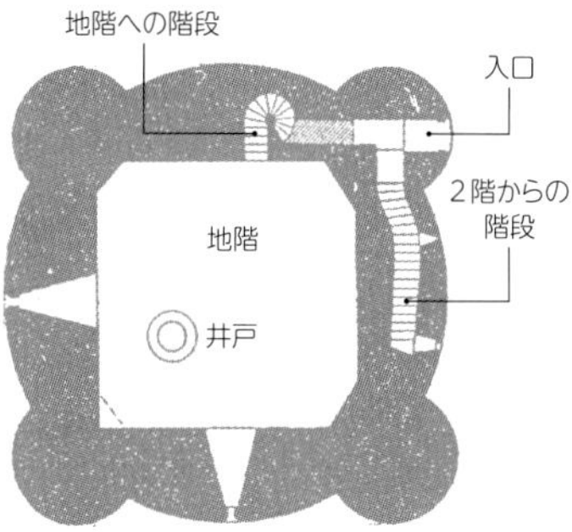

フーダン城(平面図)

Château de Houdan

12世紀初期と移行期の一例はパリ近郊のフーダン城である。4基の半円形の小塔が塔の方位点から突出しているが、主要な建物の内部は四角形である。

四つ葉形の主塔
Quatrefoil Keep

四つ葉形は円を基本とした新たなデザインだった。その平面図の幾何学図形の起源は、有名な4枚の葉の対称的な集合体に由来する4つの交差円である。この様式の代表例はフランス北部にある王宮エタンプ城のギネットの塔として知られる12世紀中期のドンジョンである。この塔は現在では単独の建物だが、本来は腰巻壁で包囲されていた。四つ葉形は芸術的な新しい形であり、円筒形のドンジョンの防衛特性を併せ持つ建物でもあった。

立面図
Elevation
ドンジョンの視覚的影響力がこの復元図に表れている（15世紀の写本に描かれた城の絵に一部基づいた）。ドンジョンへの進入路は、周囲を取り囲む腰巻壁から、どこか双子の塔を備えた楼門という形の、2つの葉の間に設けられた入口へ跳ね橋を渡る経路だった。

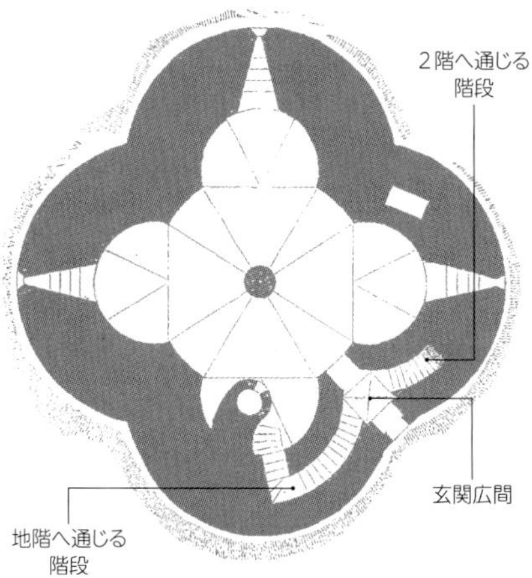

地階(平面図)

Basement

ドンジョンの入口は地階と2階の高さの中ほどにあった。入口通路は地階と2階の両方へ通じる階段へ出入りできる丸天井のホールへ通じ、それから地階の階上約3.5mの開口部へ続いていた。地階には井戸があり、4つの葉の各部にある射眼の明かりで照らされていた。

2階(平面図)

First-floor

2階の部屋の主な特徴は中央の円柱で支持される高いリブ・ボールトだった。便所には葉の1つから通じる扉があったが、暖炉の形跡はなく、この部屋は居住用というよりも聴衆用の部屋または集会場だった可能性がある。

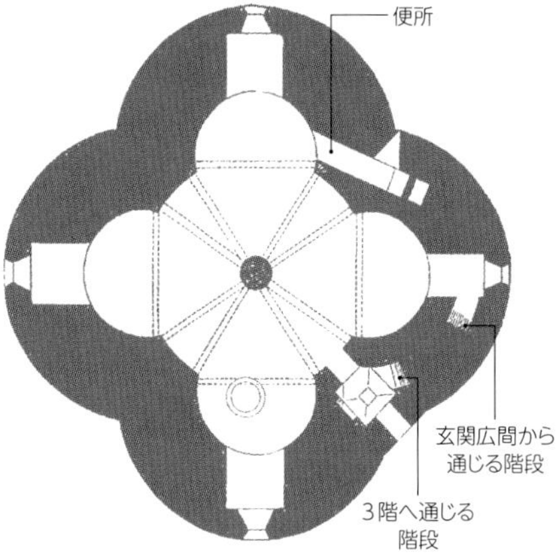

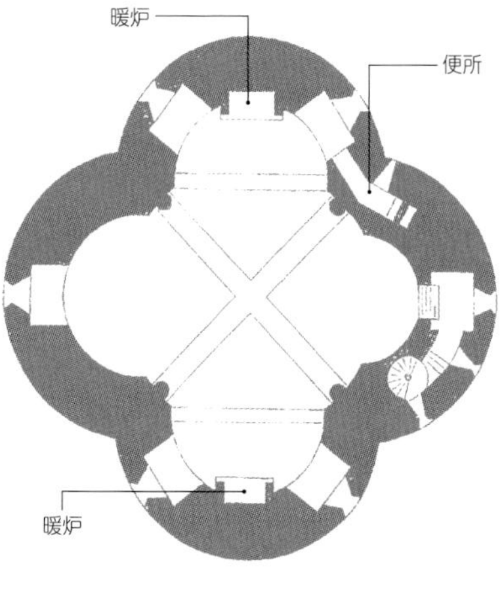

3階(平面図)

Second-floor

主要な居住施設は3階にあり、2階の部屋の明らかに簡素な特徴とは対照的に、ここには便所と同様に2カ所の暖炉があった。この部屋も丸天井で、4本のリブが柱頭付きの埋込み柱身からそびえていた。

多角形の主塔 *Polygonal Keep*

12世紀以降、多数の大塔が多角形の設計図で建築された。初期の一例はフランス北部のプロヴァンにあるカエサルの塔で、正八角形に基づいている。この形状に何か特別な軍事上の利点があったとは疑わしく、おそらく主な魅力は建築学的なものだったのだろう。ドンジョンは擁壁で固めたモットの頂上に建築され、その擁壁はカエサルの塔周辺に腰巻壁を形成するように建てられていた。

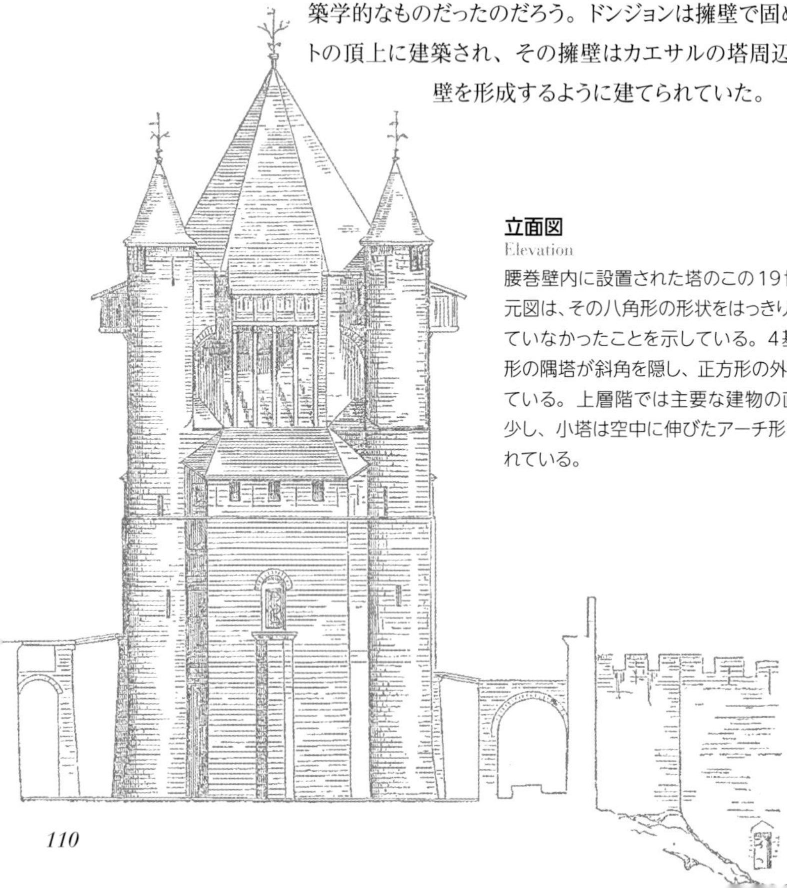

立面図
Elevation
腰巻壁内に設置された塔のこの19世紀の復元図は、その八角形の形状をはっきりとは表していなかったことを示している。4基の半円形の隅塔が斜角を隠し、正方形の外観を与えている。上層階では主要な建物の直径は減少し、小塔は空中に伸びたアーチ形で連結されている。

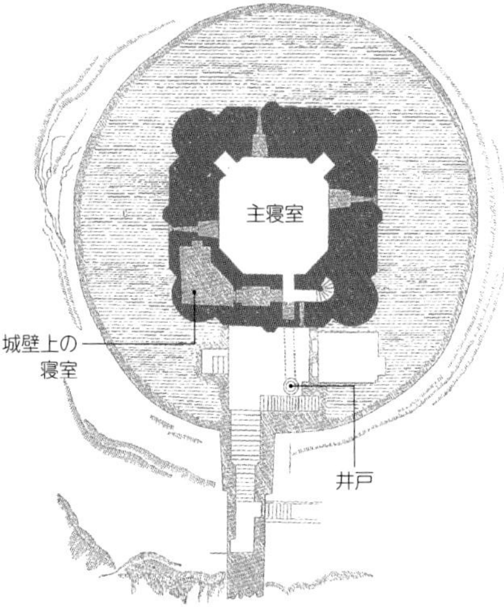

1階(平面図)

Ground floor

1階への外部進入路はなく、2階から階段室を通るとたどり着いた。これは玄関通路へ通じていて、井戸へ降下する階段室とつながっていた。主寝室はほぼ正方形で、四隅には短い斜辺があった。一隅には壁上寝室があり、おそらく牢獄だったのだろう。

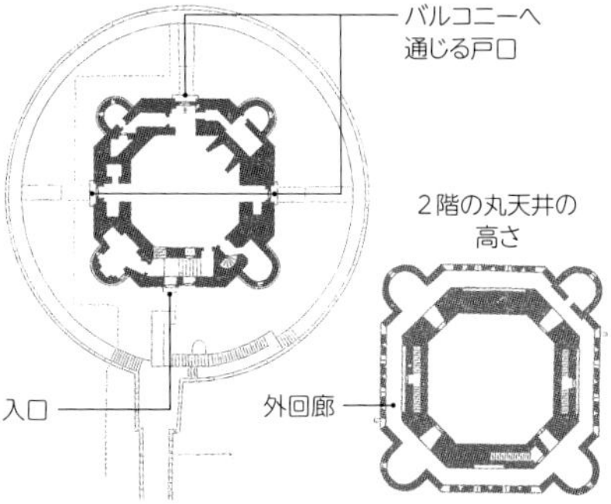

2階(平面図)

First-floor

塔への進入路は腰巻壁の通路から跳ね橋を経た西側の2階の高さにあった。高い丸天井の中央の部屋には城壁上の小部屋が追加されていた。北、南、東側の中央にある戸口はバルコニーへ通じていた。

回 廊

Gallery

階段室は2階から、2階の部屋の丸天井がそびえる高さで塔の全周に伸びる外回廊へ通じていた。2階の中央の部屋は回廊の高さから明かりで照らされていた。階段はここから上層階や屋根へと通じていた。

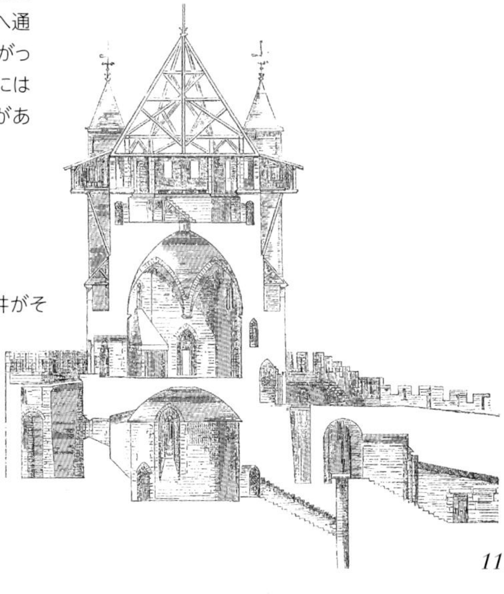

タワーハウス *Tower House*

タワーハウスとは自給式居住施設である大塔に付けられた名前である。その名前はたいてい、住居の特徴ある形態が塔だった物騒な地域で下級貴族が建てた小型の塔に付けられている。一般的には城郭の一部を形成する大塔には付けられていない。しかし、大塔の中にはタワーハウスと同じく自給式の塔もあり、タワーハウスと呼ばれる建物の中にもより広範囲の複合要素を形成するものもある。従ってこの用語は不明確な様式で使われており、一般に容認される定義はない。

小型の城

Mini castles

事実上、タワーハウスは単独で容易に防御できる単位に凝縮した小型の城で、主要な居住区間は上層階に安全に配置された。時にタワーハウスの四隅には中庭のある城郭の隅塔を模した小塔があり、たいてい防御を固めた入口と狭間付胸壁があり、多くは石落としがついていた。

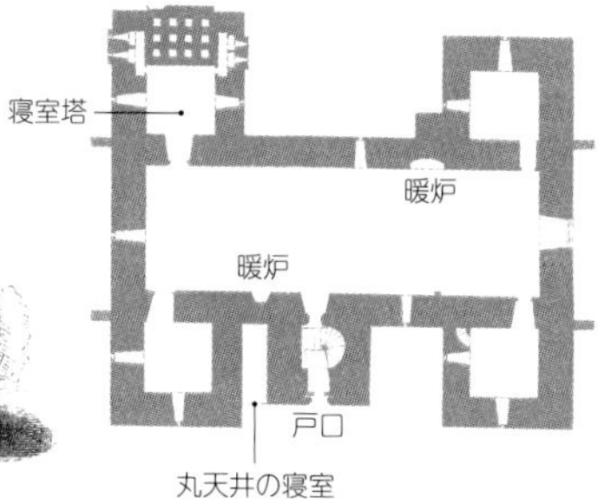

イングランド：ラングレー城（平面図付）

England: Langley Castle with plan

1297年にイングランドとスコットランドの間で戦争が勃発すると、両国に300年に及ぶ不穏で、要塞が急増する時代が始まった。ノーサンバーランドにあるラングレー城は、おそらく安全性の低下に対応して14世紀中期にタワーハウスに改築された13世紀の領主屋敷の一例である。

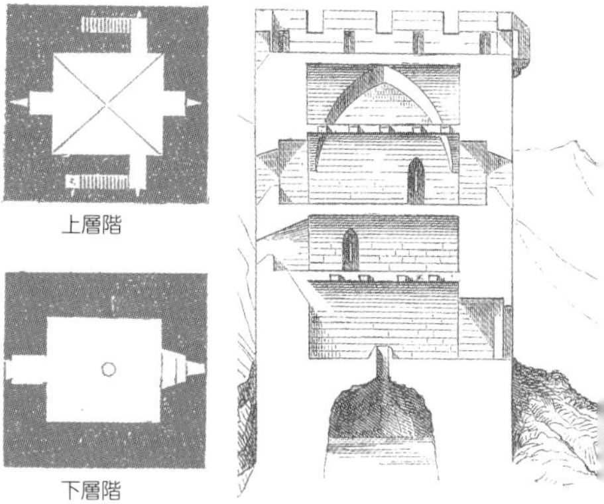

スコットランド：ボースヴィック城

Scotland: Borthwick

1430年頃にさかのぼる、エジンバラ近郊のボースヴィック城は当初からタワーハウスとして建築された。しかし5階建ての建築物の設計では、その中心で2階の広間が建物の主要部分を占めている。

シリア：トゥクラー城

Syria: Tukhlah

多数の12世紀のタワーハウスが十字軍国家には存在していた。シリアのトゥクラーにある、入口を石落としで防御した正方形の胸壁付の塔には地下に貯水槽と、丸天井造りの2階層があり、各階は木製の床で再分割されていた。

ソーラータワー *Solar Tower*

ソーラータワーと広間

The solar tower and the hall

両方の建築物が現存する場所では、大広間に対するソーラータワーの依存関係はたいてい明確だ。広い床面積のある大広間は全住人が共有する部屋だったが、より小型の設計で、より高層のソーラータワーは、重要人物専用のより私的な空間であることを意味している。

タワーハウスが自給式の建物だったのに対し、ソーラータワーとして知られる別の様式の住居用の塔はより大規模な居住複合施設の一要素だった。「ソーラー」とは上層階の私室を表す中世で使用された言葉だった。ソーラータワーには城主の私的な住居棟があり、独立した大広間と連絡していた。「タワーハウス」と同じく「ソーラータワー」という用語は現代の分類である。中世では、いずれの様式も大塔の一般様式と区別されていたとは考えにくい。

ストークセイ城

Stokesay Castle

他の大塔のように、ソーラータワーは多くの場合、より一般的な複合体の建築学上の頂点であり、所有者の富と地位を知らしめる傑作だった。シュロップシアにあるストークセイ城のソーラータワーの非常に珍しい設計は、ウェールズ北部の王宮にある当時の建築物におそらく影響を受けたのだろう。この城は1280年代〜1290年代に建築された。

モーサムタワー

Morthain Tower

時として塔自体は現存するが、周囲の建物が何世紀にもわたって建て替えられたため、付属の複合体が後世のものである場合もある。そのような事例がノースヨークシャーにあるモーサムホールであり、多角形の張出し櫓と珍しい透かし彫りの胸壁を備えた15世紀の塔が建て替えられた建築物の上にそびえている。

タターズホール城

Tattershall

付属建築物が破壊されても、時にソーラータワーは現存し、孤独な大塔の姿を見せている。リンカンシアにあるタターズホール城では、1434年〜1446年建築のソーラータワーは、大広間や台所を含む補助的建物に以前は屋根付の通路で連結されていた。

中世後期の大塔
Later Great Towers

モットの再建
A motte redevelopment

モットは新しい大塔の建築用に印象的な立地を提供でき、ノーサンバーランドにあるワークワース城の14世紀後期のドンジョンの場合も同じだった。この独創的設計の建築物の内部は城主の私的かつ経営機能を備えた住居を収容するように複雑に設計されていた。

大塔は実用的な見晴らしのきく場所として、時には最後の砦という避難場所としての役割を果たす安全な場所だったが、印象的で広大な城主の住居を備える収容力もあったことはまちがいない。中世後期では大塔は多数の住居計画の中心だった。これらの中には建築学的形状の区別が曖昧だったものがある一方で、大塔の概念は依然として城主権力を象徴として残っていた。大塔がその建築学的な可能性の全盛期を迎えたのはこの時期だった。

斜視図：ピエールフォン城

Perspective: Château de Pierrefonds

パリ近郊のピエールフォン城のように、場合によってはドンジョンが中庭複合体の豪華な中心的存在となっていた。1400年代のドンジョンは内郭の最も重要な存在で、近接する住居施設の上にそびえ立っていた。ピエールフォン城の丸天井のある1階は貯蔵倉庫の上に設けられた。

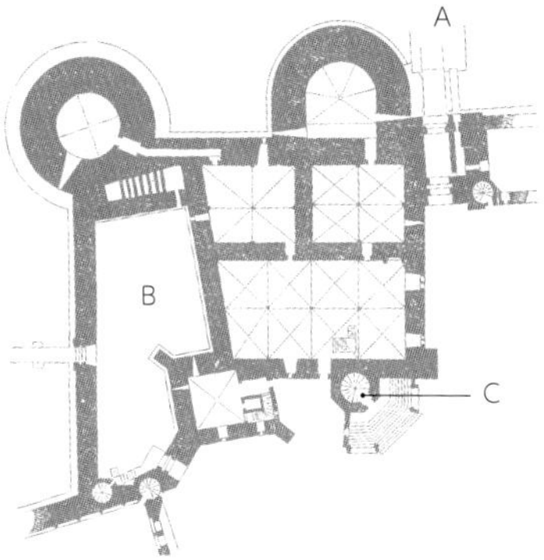

1階：ピエールフォン城(平面図)

Ground-floor: Château de Pierrefonds

主要な城門(A)と作業場(B)の間に位置するドンジョンは幕壁と城壁塔と一体化している。居住室への進入路は多角形の階段小塔(C)を経由した。

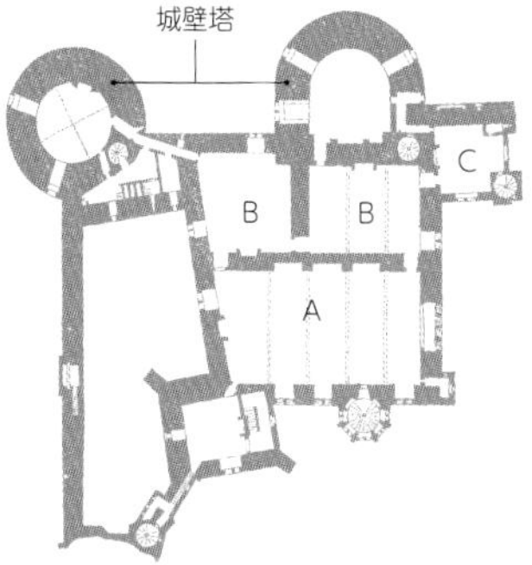

2階：ピエールフォン城(平面図)

First-floor: Château de Pierrefonds

主要階段室は、広間(A)、その奥にある2カ所の小部屋(B)、2基の城壁塔内および近接する城門上に位置する別室(C)で構成される大きな2階の一続きの部屋へ通じていた。同様の部屋が3階にもあった。

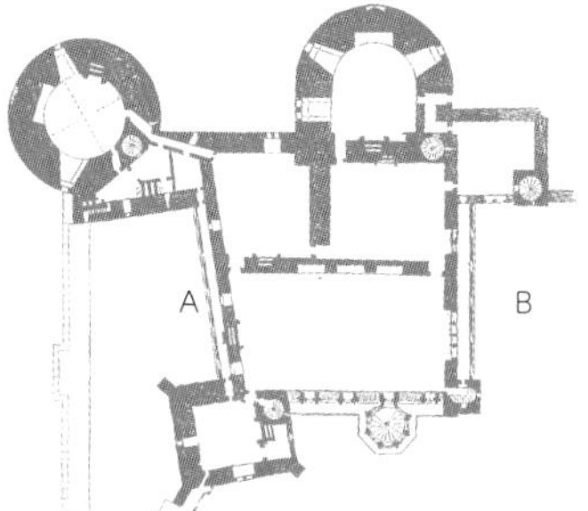

4階：ピエールフォン城(平面図)

Third-floor: Château de Pierrefonds

もう一つの居住施設は4階にあり、ここには2カ所の石落とし付通路(A、B)への進入路もあった。大塔の2カ所の隅部にある小塔の階段室は屋根と胸壁へ通じていて、主寝室から出入りできた。

イントロダクション
Introduction

幕壁
The curtain

最も単純な形の幕壁は、狭間付き胸壁を備えた壁で、あるいは射眼が穿たれていたが、塔やその他の付属物には遮られていない。城主への接近を制御し、城主の領地を確保する合理的で効率的な方法だったが、おそらく包囲兵器に対してはあまり有効ではなかっただろう。

大塔は城の最も印象的な要素だったが、城郭はその防衛力ではさらに重要だった。城郭とは包囲網を形成する要塞の一連の外周部に付けられた呼称で、幕壁とそのさまざまな付属物や装飾物だけでなく、溝や堀を含むその他の包囲地形を表現するために使用される。初期に出現した城郭は簡素だったが、攻囲戦技術の改良が加速する中で城郭はかなり発達し、13世紀に軍事的頂点を極めた。

防壁塔

Defensive wall towers

突出する城壁塔を追加することで側面への砲撃を幕壁表面へ向けさせることができた。防壁塔を対称的に配置することは12世紀後半に始まった。イングランドにあるその典型例の1つはサフォーク州のフラムリンガム城で、13基の突出する正方形の城壁塔を備えて1190年頃に再建された。

間隔の狭い塔

Closely spaced towers

フランスのロワール渓谷にあるアンジェー城では、城壁塔の配列における技術革新が1230年代に導入された。新しい幕壁の建築時に17基の円筒形の塔を以前の城よりもかなり接近させた。これにより居住者はさらに強力な防衛線を得た。

突出した塔

Beaked towers

13世紀の城壁塔の発達は四角形よりも構造上攻撃を受けにくい形状の形成に集中した。円筒形の塔は初期の四角形の塔ほど掘削の影響を受けにくく、ここに示す13世紀初期のロッシュ城に配備された突出した形状は砲撃をより効果的に回避した。

転びまたは傾斜面
Batter or Talus

クラック・デ・シュヴァリエ
Krak des Chevaliers
中世の傾斜面の最も印象的な一例は、シリアのクラック・デ・シュヴァリエにある聖ヨハネ騎士団の城にある斜面である。南東方向から描かれているこの傾斜面の特徴は、このように防御した城壁塔の基部を包囲して、城郭内側の南側と西側の周囲に広がっていた。

転びは斜面を作る城壁基部の厚みで、転びの誇張した形が傾斜面だった。これらの特徴はいくつかの点で有利だった。第一に、掘削に対して壁を保護し、幅広い基部が壁にさらに大きな安定性を与えた。第二に、使用する包囲兵器は壁の突出した基部から距離を置かざるを得なかったために、壁をよじ登ることがいっそう困難になった。第三に、傾斜面が幕壁に与えた分厚い厚みによって、砲撃に対するより高い防衛力が備わった。最後に、それらの偏向特性を攻撃的防衛力の一部として使用し、その上から勢いよく攻囲軍に向けて飛び道具を落とすことができた。

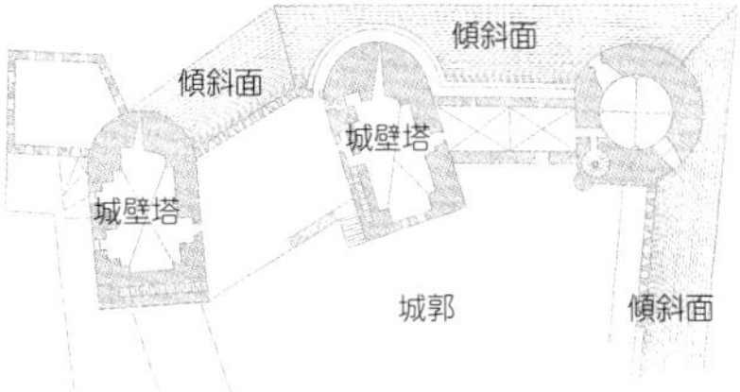

クラック・デ・シュヴァリエ（平面図）

Krak des Chevaliers

クラック・デ・シュヴァリエの城郭内側南端の平面図は、大きな傾斜面が幕壁に与えた余分な奥行きを強調している。それによって幕壁の基部は、隣接する突出した城壁塔の表面と並ぶか、または大きくはみ出している。

キドウェリー城

Kidwelly

13世紀中には円形や多角形の塔用にある特殊な転びが開発された。それは大型で正方形の基礎上に建つ建築物に影響を与え、その外隅は塔をしっかりと支えるように傾斜面上にそびえていた。これらの隅部の転びは「控え壁」として知られている。

カエサレア宮殿

Caesarea Palace

イスラエルにあるカエサレア宮殿は大部分が破壊されたが、保存状態のより良い付随する町の防壁は、射眼の穿たれた回廊の基部へと広がる傾斜面の好例を保持していた。

モタ城

Castle of La Mota

15世紀以降、城の防衛力は攻囲戦で使用される砲火器を迎撃するために強化された。スペイン中央部のメディナ・デル・カンポにあるモタ城は15世紀半ばに再建され、大砲の衝撃を吸収する目的で外幕壁に大規模な転びを追加した。

大塔 *Great Tower*

大塔は城の中でつねに人気のある構成要素である一方で、12世紀後期~13世紀にかけてヨーロッパの城の発展に影響を及ぼした幕壁を重要視することで、独立型構造物としての大塔の概念を緩和した。大塔が現存する城の中には、それが外側防衛力のさらに不可欠な部分となり、一方で城主の塔としての特別な立場をなお維持しているものもあった。

独立した城壁塔

The solitary wall tower

フランスのピカルディーにある14世紀後期のヴェズ城のように、時に大塔は単なる城壁塔である。ここでは五角形の大塔が防衛力の低い、略四角形の中庭を囲む建物の一隅部に位置している。この非対称の配置は、規則正しく設計された中庭のある城へと向かう中世後期の別の流行様式と直接対比される。

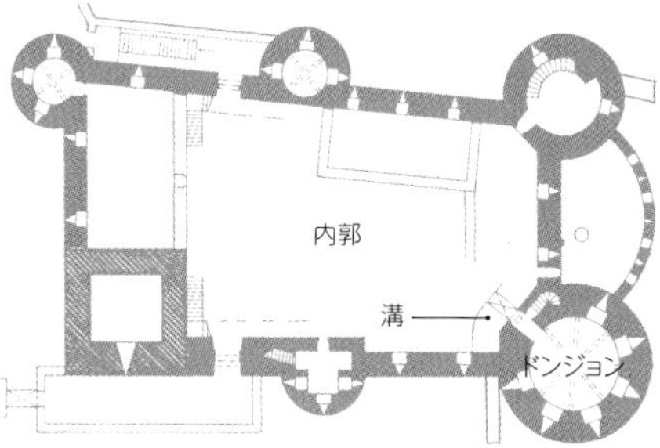

不可欠な隅塔(平面図)

The integral corner tower

フランス南部のアヴェロンにあるナジャック城では、より一体化した進入路が13世紀中期に採用された。ナジャック城ではドンジョンはまたもや一隅塔として機能し、幕壁と一体化しているが、中庭から溝で分離されていてやや独立していた。

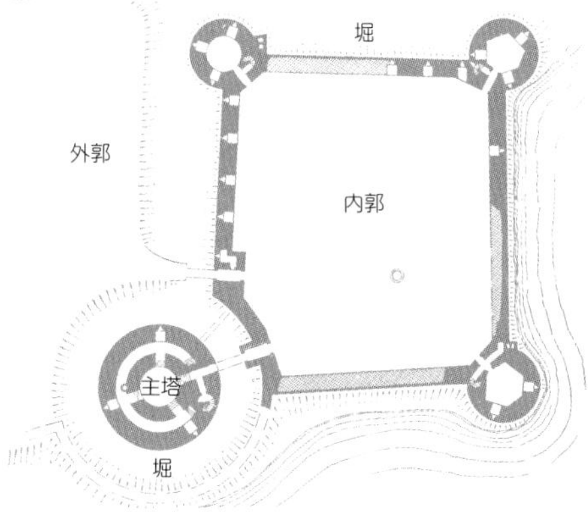

分離した隅塔(平面図)

The detached corner tower

時には大塔は城郭の一部を形成しながらも、なおも分離することでその独立性を維持していた。ウェールズ北部のフリント城では、1277年に建築が開始されたエドワードI世の主塔は、幕壁から分離して橋で連結したが、拡張した隅塔の形を採用した。

大司法官の住居

A justiciar's lodging

カーナーヴォン城の城壁塔の間では均一の印象があるが、鷲の塔は実は他の塔よりも大きくて目立っていた。そして特別な機能をも果たしていた。この塔はおそらくウェールズ北部の大司法官の住居として建築されたのだろう。他の大塔と同じく、そこには領主の権力と地位とに強力な関係がある。

溝と堀 *Ditches & Moats*

防御用の溝とそれに伴う土手は最古の防御様式の1つで、その起源は文書記録の時代以前にさかのぼる。初期の城の大部分は土手と溝に囲まれて、溝から掘り出された土は投げ出されて周囲の土手を作り、および/または包囲地の土台を築いた。城の防御側の人間たちは溝のおかげで、門よりもむしろ壁に接近しようとする者を上から見下ろすことができ、軍事的に優位な立場に立った。また溝は攻囲戦用兵器の接近をも阻んだ。

流水をたたえた堀
The stream-filled moat
内陸部では堀の水源の多くは泉や小川だった。フランス南西部ジロンドのサン=メダール=アン=ジャルにある要塞型マナーハウスは川の右岸に建てられ、その周囲の堀には小川の水が引き入れられた。

岩を切り出した溝

The rock-cut ditch

岬に建つ城の有効な防衛方法は進入路の全長に渡って溝を掘ることだった。こうした作戦の極端な例はシリアのソーヌ城で実行された。岩を削った巨大な溝が中央に一本の柱を残して作られ、幅18mの溝を渡るには橋を架ける必要があった。

土塁

Earthworks

初期の城の土塁は一般に非常に頑丈で、城が存続する間はずっと保持された。これはフランスのディエップ近郊にあるアルク・ラ・バタイユ城の例である。この城の初期の防御態勢の基礎は周囲を取り巻く溝と土手で、後に石材で再建されたが、これらは現存する城の敷地を今なお定めている。

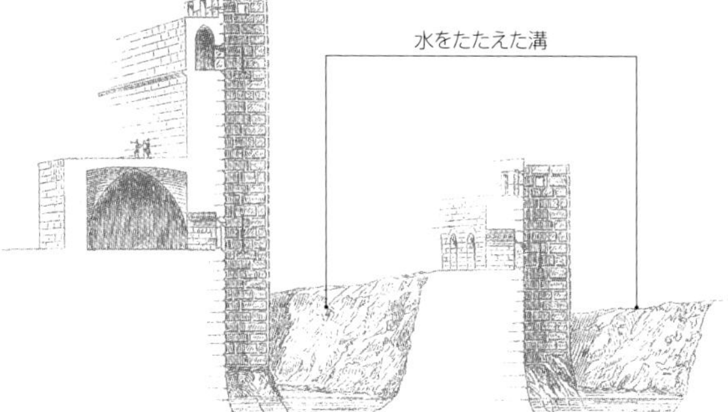

海水をたたえた堀

The sea-filled moat

もしも確実な水源があれば、溝に注水してさらなる障害物とすることができた。シリア沿岸部の12世紀のトルトーザ城では水の供給は何の支障もなかった。水をたたえた二重の溝には海水が注入された。

広大な水による防衛
Extended Water Defences

リーズ城
Leeds Castle
ケント州のリーズ城は近くを流れるレン川をせき止めて作られた大きな湖に囲まれている。王室の別荘として使用された13世紀後期のこの城は湖を含む計算された風景の中心にあった。これが城の景観設定と娯楽施設という両方の魅力を高めていた。

水による防衛は、侵入者を排除し、押し寄せる軍隊を食い止めるのに非常に有効な方法だった。掘削を不可能にし、人間や攻囲用兵器が幕壁へ接近するのを防ぎ、はしご登りによる攻撃を実行不能にした。障害が大きくなるにつれてその防衛特性はさらに効果的となり、自然の水源や地形が許す場所ではどこでも水による防衛を非常に大規模に展開できた。堀は防衛力を高めたが、中には城の視覚的な配置を改良するように設計されたものもあっただろうと推定する理由もある。

シヨン城
Chillon Castle

スイスにあるシヨン城は13世紀にサヴォイ伯ピーターⅡ世によって実質的に再建された。この城はジュネーヴ湖の東側の土手付近の島上に位置する。湖が特に西側で自然の防壁を形成し、そこでは簡単な幕壁で十分防衛できると考えられていた。

カーフィリー城(平面図)
Caerphilly Castle

自然の湖が存在しない場所では、人造湖を造ることもできた。ウェールズのグラモーガンにあるカーフィリー城の水による防衛は、最も精巧な13世紀の城郭防衛体制の1つを一部形成した。計画の最終範囲は当初から検討されていたものではなかったようだが、多数の段階でかなり発展した。

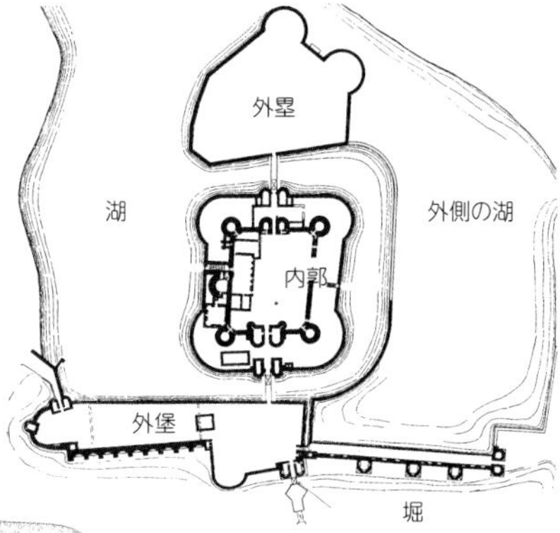

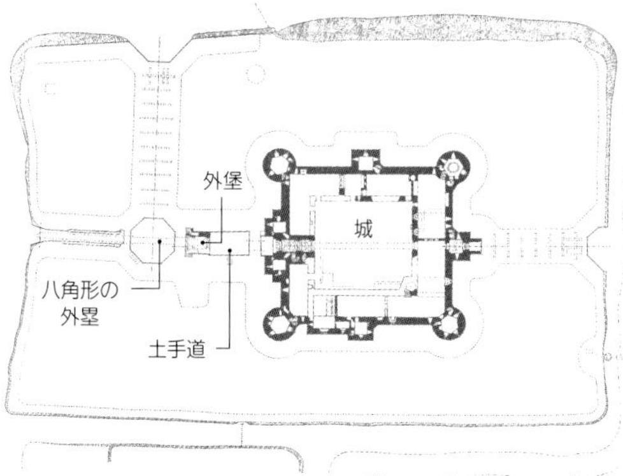

ボディアム城(平面図)
Bodiam Castle

時には現存する城の堀は非常に複雑な水をたたえた地形の遺物である。サセックスにあるボディアム城を取り囲む広い堀は城の風景に影響を与える優れた役割を果たしているが、本来は他にも水をたたえた地形がいくつかあり、おそらく効果的な風景となるように設計されていたのだろう。

イントロダクション
Introduction

クーシー城
Château de Coucy
フランスのピカルディーにあるクーシー城の13世紀の北西の隅塔は防衛機能と住居機能の両方の役割を果たしていた。転びのある土台、交互に配置された射眼、櫓はすべてその軍事的側面を証明していたが、いくつかの部屋は住居施設とする目的でも設置されていた。

　大塔以外の塔もまた城に大きく貢献していた。11世紀以降、これらの塔が幕壁に沿って建てられた。大塔と同じく、最も初期の城壁塔は平面図では四角形だったが、12世紀以降は円形やD形の平面図で建築された。これらの形状によって射界はさらに広範囲になり、掘削による攻撃に強かった。城壁塔には住居施設が収容される場合もあった。小塔は城壁塔を組み込み、より大型の塔を補強する場合もある小型の建築物で、さらに、張り出し櫓によって胸壁の高さに見晴らしのいい場所が生まれた。

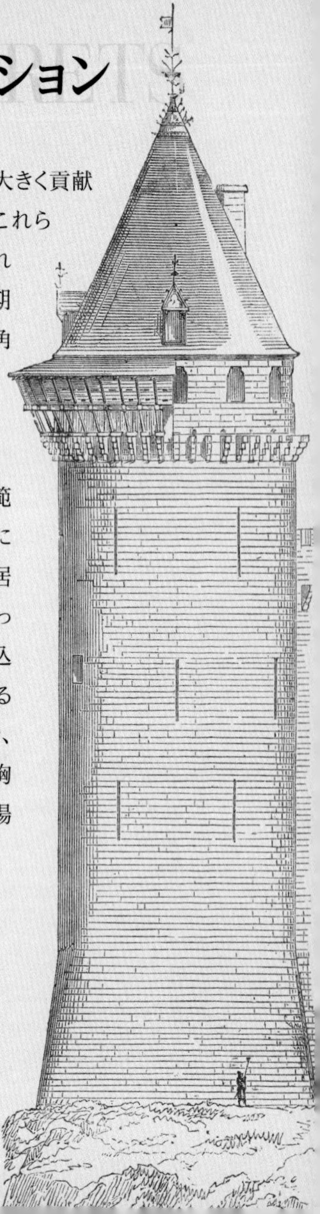

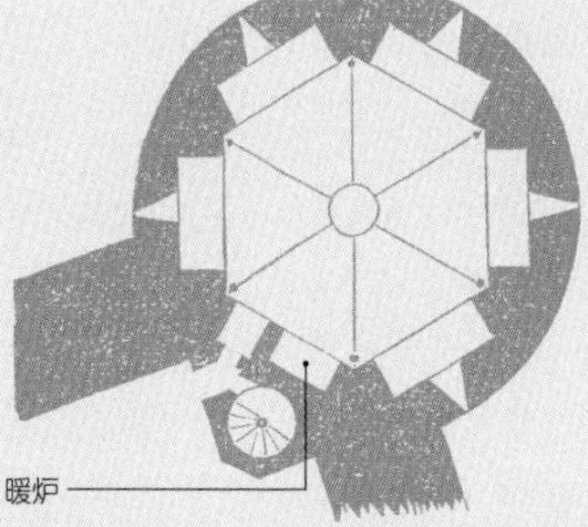

2階（平面図）

First-floor

クーシー城の2階は六角形の平面図であり、6本のリブ上で支えられた丸天井で覆われている。外側方向を指す六角形の5つの表面にはそれぞれ射眼が設置されていた。唯一の内表面にある暖炉がある程度の快適さをもたらしていた。

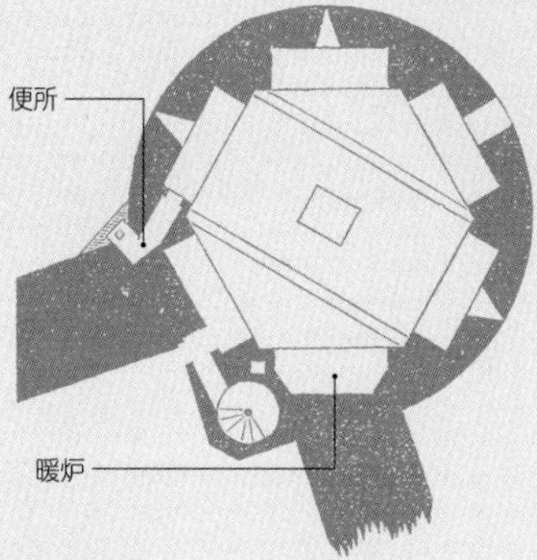

3階（平面図）

Second-floor

3階の高さでは射眼の位置が2階のものとは交互になっており、そのためわずか4側面だけが塔の外表面に通じている。ここでは暖炉と便所の両方がある。

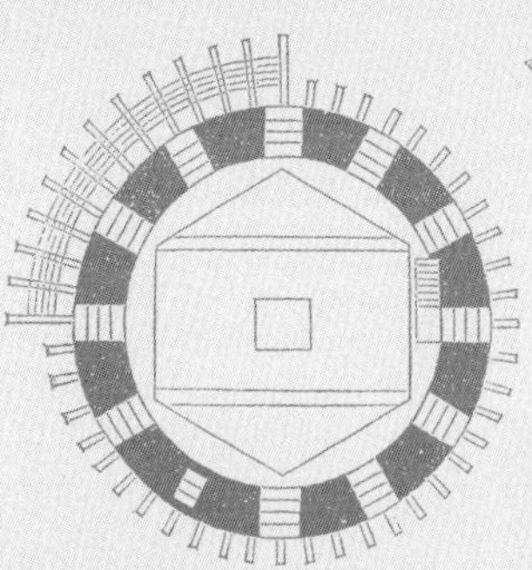

狭間付胸壁（平面図）

Battlement

クーシー城の5階は、周囲の櫓へ進入でき、塔の主要な防衛を指揮する戦闘用砲台である。この階には取り外し可能な梯子でのみ行くことができた。

断面図

Section

クーシー城の塔の興味深い一面は運搬資材用として各階の間に設けられた設備—丸天井の中央にある開口部である。最下層階へはその丸天井の開口部からのみ進入できた。

防衛塔 *Defensive Towers*

幕壁は基本レベルの防衛力をもたらしたが、全長に沿って塔を設置することでその性能は大きく増大した。幕壁上にそびえる外側に突出した城壁塔には2つの軍事的長所があった。見晴らしのいい監視場所となり、その側面に沿って側射を指揮する場所を設けることで幕壁の基部をより効率的に防衛できた。初期の城郭には城壁塔は比較的少なかったが、その戦略上の重要性は次第に高く評価されるようになった。

後面開放型の塔
Open-backed towers
フランス南部にあるアヴィニョン教皇庁のこの14世紀の例のように、防衛塔の多くは後面開放型だった。その設計は経済的かつ実用的だった。塔内の配置を遮る物がなく、兵士が自由に動けるようになっていた。

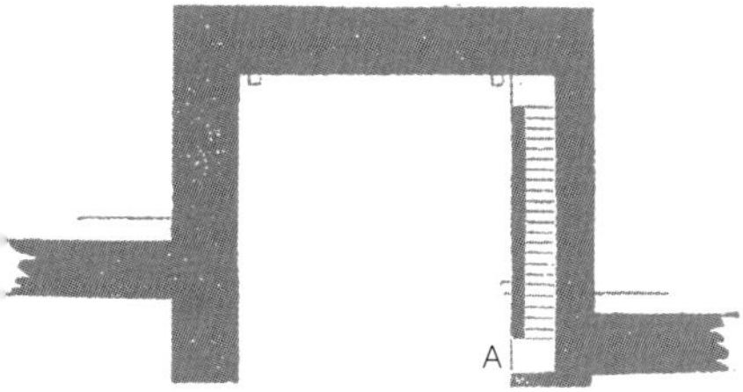

1階(平面図)

Ground floor

教皇庁の塔への入口は1階にあり、扉(A)を開けると2階の踊り場に上る直線の壁上階段へ通じていた。

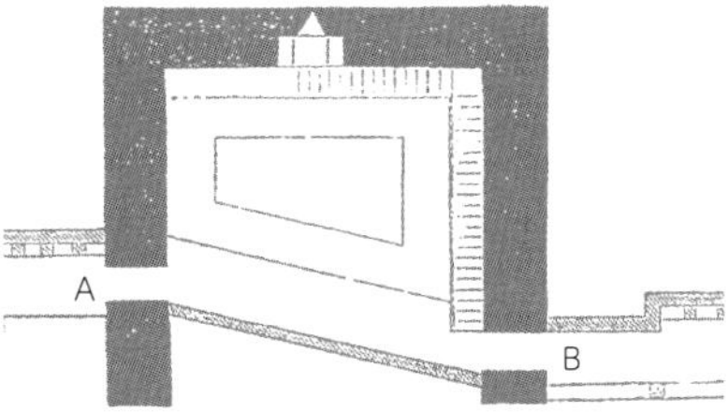

2階(平面図)

First-floor

2階では、隣の幕壁の歩廊が2カ所の側壁(A、B)内の入口を経て塔内を通り抜けて伸びている。外壁には射眼があり、第2の階段室が歩廊から胸壁の高さへ通じている。

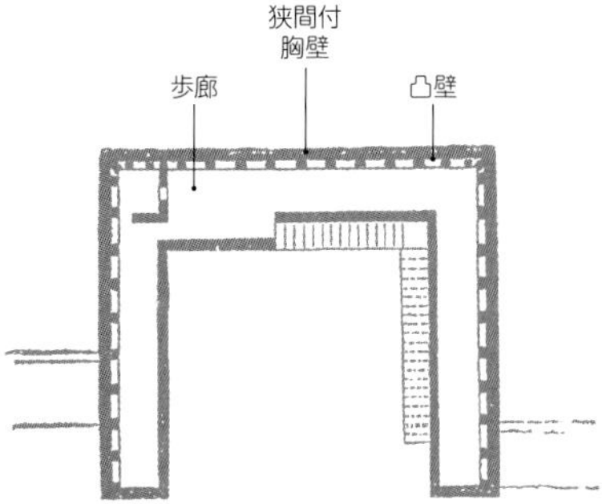

3階(平面図)

Second-floor

塔の頂部には三方に狭間付胸壁のある広い歩廊があり、凸壁には射眼が穿たれている。塔は風雨にさらされないように屋根付きだったのだろう。

射 眼

Arrow loops

防壁塔の機能の1つは射眼用の空間を増やすことだった。このような円形の塔が全周に射眼付きで設計され、非常に広範囲の射界が生まれた。

居住塔 *Lodging Towers*

塔には本来防衛的特性があったが、一つの要因が複数の現存する例の完全な軍事的特徴を反映し、倉庫であれ住居であれ、もしも塔に収容設備も備わっていれば、それらの有効性が非常に増大するだろうということは即座に理解できた。11世紀には城壁塔は様々な機能を果たすために利用されており、14世紀には高品質な住居施設を求める必要性が高まった結果、塔の主要目的は居住用となった。

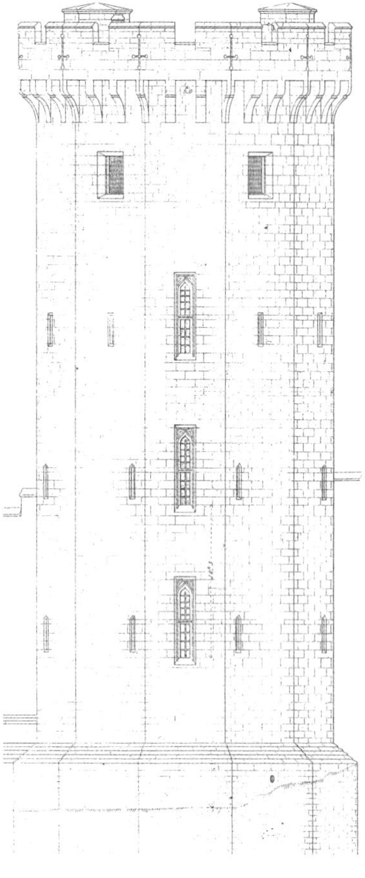

ガイ塔、ウォリック城
Guy's Tower, Warwick Castle
ウォリックシアにあるウォリック城の北隅に建つ14世紀後期の12面体の建築物、ガイ塔には石落としや狭間付きの胸壁がある。この塔は防衛に備えているが、中世後期の多くの城壁塔と同じく、その主要目的は重要な来客や役人用の高級な宿泊施設を提供することだった。これは中間層3階分の高品質な窓のトレーサリー（狭間飾り）によって示されている。広い窓がついた最上階は居住用ではなかった。監視場所か展望台の役割を果たしていたのだろう。

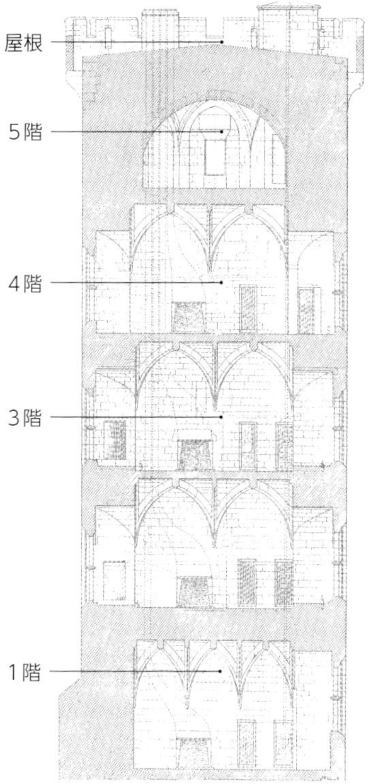

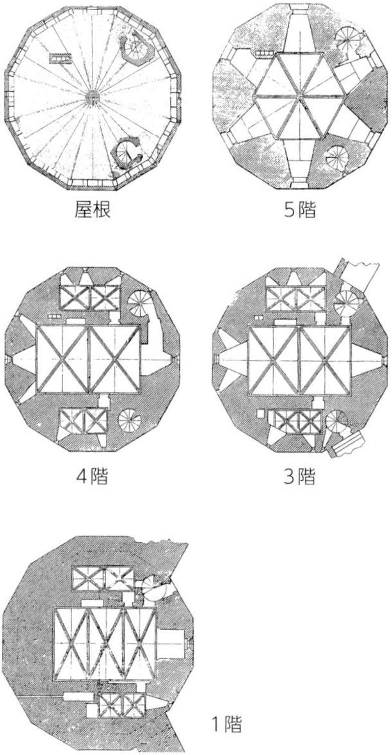

断面図

Section

塔には上下に４つの独立した宿泊施設があり、各階に暖炉、便所、壁上の小さな個室がある。主要な部屋はそれぞれリブ・ボールトで覆われていた。これらの宿泊施設のうち３つは社会的地位が比較的高い宿泊者用として非常に明確に設計されており、１階の宿所は外部に向かって明かり取りの窓がないせいであまり広くなかった。

各階平面図

Floor plans

４つの宿泊施設全室には同じ螺旋階段から入室した。塔の外観は多角形だったが、主要な部屋は長方形で、居住用の居間としてはより実用的な形だったが、おそらく便所や個室用の空間を設けるために設計されたのだろう。壁上の部屋の天井が低コストの半円筒形ボールトではなくリブ・ボールトだという事実もまたそれらの部屋が高級であることを証明している。第２の階段は屋根へ通じていた。

小塔 *Turrets*

城壁塔は壁面が縦射される恐れのある前方陣地を設けることで、幕壁の防衛能力を高めた。城壁塔にも次第に居住機能が備わるようになり、後世の城ではこれが軍事的役割を上回った。しかし城壁塔本来の防衛面は壁中央の小塔が役割を果たす場合もあり、建築費もかなり安価だった。城壁塔が幕壁上にそびえ立つのに対し、小型の小塔は戦術上有利な地点を戦略的に配置する必要不可欠な壁上防衛だった。

石落とし付き小塔：アヴィニョン

Machicolated turret: Avignon

フランス南部にあるアヴィニョンのこの壁中央の小塔には、歩廊よりもわずかに高い見晴らしのきく場所があり、このように転びを設けた礎石と石落としによってさらに防衛力の高い幕壁となった。小塔自体は多数の石落とし付き胸壁によって防御していた。

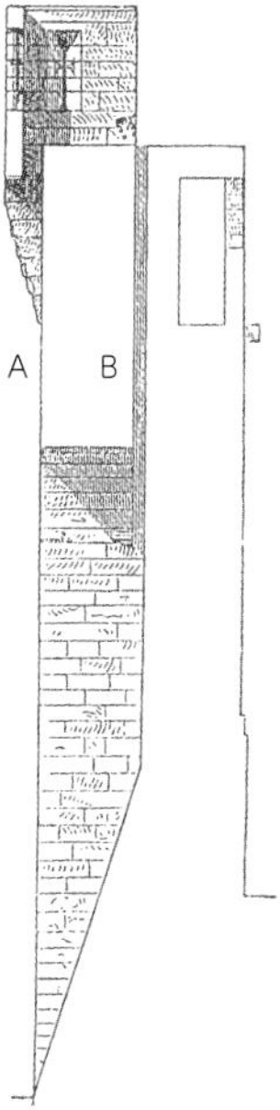

持ち送り積み構造の小塔：ヴェズ城（左図）

Corbelled turret: Vez

原理は同じだが、より簡単でより軽武装の実例も現存する。フランス北部のヴェズ城にあるこの14世紀後期の例は、持ち送りで支持した幕壁の輪郭線の単なる突出部である。胸壁には射眼が穿たれているが、石落としはなく、やや装飾的な外観である。

小塔の断面図（上図）

Turret section

アヴィニョンの小塔の脆さを食い止めるためにさまざまな努力が重ねられ、この場合は、相当苦労しなければ土台を破壊できないようにするために、支持部と深く転びを設けた礎石とを一体化した。持ち送り積み構造の石落とし（A）に加えて、背面（B）に溝付き石落としも設置された。

小塔の背面

Turret to rear

アヴィニョンの小塔には2カ所の一続きの階段を上った歩廊から進入できた。歩廊自体に障害物はなく、屋根付きの回廊の下へと続き、その屋根は小塔と連結する砲座の一部となっていた。

張り出し櫓 *Bartizans*

張り出し櫓と持ち送り
Bartizans and corbels
一連の持ち送り積み構造の帯上にある円形の張り出し櫓は、14世紀以降のスコットランドとイングランド北部で流行した。ノーサンバーランドにあるベルセイ城の張り出し櫓は1370年頃にさかのぼるが、13世紀の例も現存する。ベルセイ城には石落とし付きの張り出し櫓があり、装飾機能と防衛機能の両方を果たしている。

13世紀中には張り出し櫓として知られる小塔の一形状が発達した。この特徴のある外観は城壁から突出し、または城壁によって全体的に支持されているため、壁面に覆いかぶさっている。張り出し櫓は、精査または縦射される恐れのある壁面からの見晴らしの利く場所を設ける小塔の一機能を果たす。また土台がなく、掘削される恐れがないという軍事的利点がある。初期の張り出し櫓の中には壁面下方へ長く伸びるものもあるが、中世後期の張り出し櫓はたいてい胸壁の高さで、特に隅部に設置された。

円形の張り出し櫓

Circular bartizans

多くの張り出し櫓は、その形状が隅部でうまく機能するように円形の平面図を備えていた。フランス南部のカルカソンヌにあるコンタル城からのこの例は、2面の近接する壁面から突出する段状の持ち送り積み上で支持されている。これらの持ち送り積みは、湾曲したまぐさ石を支え、まぐさ石の上には連続持ち送り積み構造の線がある。

張り出し櫓と小塔

Bartizans and turrets

中世後期の張り出し櫓には持ち送り積み構造の小塔と多くの共通点がある。構造上の原理は同じで、主な違いは大きさであり、それならフランス南部にあるアヴィニョン教皇庁のこれらの例は細長い張り出し櫓と呼べるかもしれない。

装飾的な張り出し櫓

Ornamental bartizans

15世紀のフランスとスコットランドでは、連続した持ち送り積み構造上にある円形の張り出し櫓がしばらく流行した。フランス南西部のセディエール城にあるような中世後期の例は、初期の例よりも誇張されていて、純粋に装飾的になっていた。

城壁上の防衛

Wallhead Defence

歩廊
The allure
歩廊の多くは片側面を狭間付き胸壁で守備固めした石畳の通路という形状で、凸壁にはたいてい射眼が穿たれていた。中世後期の幕壁の中には外側と同じく内側にも狭間付き胸壁があるものもあった。

城の防衛の大部分は城壁上から指揮され、その場所は防衛側が戦略上非常に有利となり、軍事技術者から大いに注目を集めた。城壁上での防衛の大動脈は歩廊として知られる城壁頂部の通路だった。胸壁に防御された歩廊は、防衛側が兵を配備して物資を供給する際の必要不可欠な連絡経路だった。また周辺地域の動向を監視できる見晴らしの利く場所としても機能した。

衛兵詰所 ： カルカソンヌ(平面図)

Guardroom: Carcassone

フランス南部にあるカルカソンヌのこの例のように、時として城壁を巡察する衛兵用の収容施設が確認できる。歩廊は、幕壁の両側から突出するため、歩廊上に見受けられるよりも少し広い空間となっている城壁小塔を通過する。

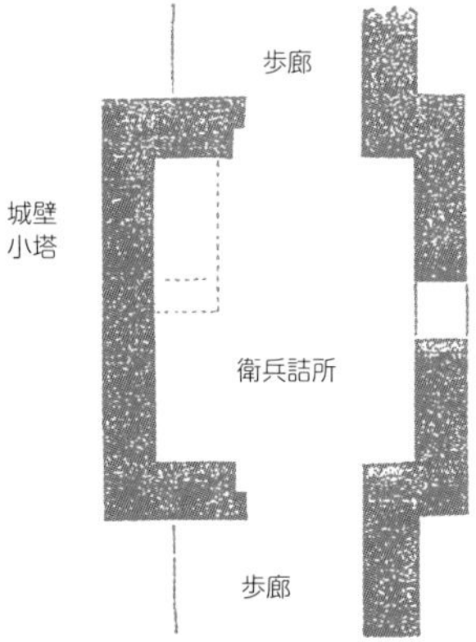

衛兵詰所の断面図 ： カルカソンヌ

Guardroom section: Carcassone

カルカソンヌの衛兵詰所には小塔の内壁に暖炉設備があり、その上部には石造の覆いがある。この場所には屋根があり、扉が設置されていたことも明らかだ。それは外壁の射眼から監視を続ける間、寒い気候の折に衛兵たちが暖を取る設備である。

タラスコン城

Château de Tarascon

城郭設計における14世紀後期の技術革新は、連続した歩廊を設置するために、同じ高さの塔と幕壁を建設することだった。そうした構想の1つがフランス南部のローヌ川の土手上に建つタラスコン城に現存する。この城は1400年に建築が開始された。防衛上の配慮は別として、かなり趣の異なる美意識が生まれている。

胸壁 *Battlements*

城の胸壁には必ず狭間が設置された。事実、狭間は城が要塞として形式上特定される特徴の1つだった。イングランドでは、国王による城の認可は狭間を設けるための許可という形で採択され、狭間は要塞と公式用語では同義語だったことを必ず明示する表現となっている。胸壁は防衛上実用的な一形状だったが、狭間には流行の要素もあり、おそらく貴族階級を表す象徴でもあった。

階段状の胸壁
Stepped battlements
狭間付き胸壁は歩廊全域を防御した。通路の高さに変化がある場所では、それに対応して胸壁の高さを変える必要があった。このように階段がある場所では胸壁が適正な高さを保つように階段状になっていた。

外側から見た図

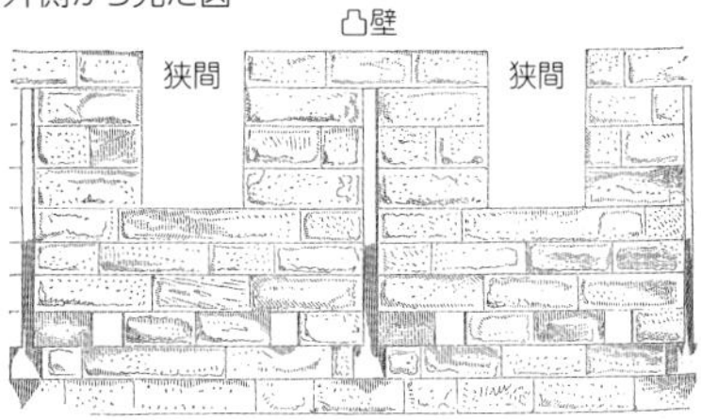

内側から見た図

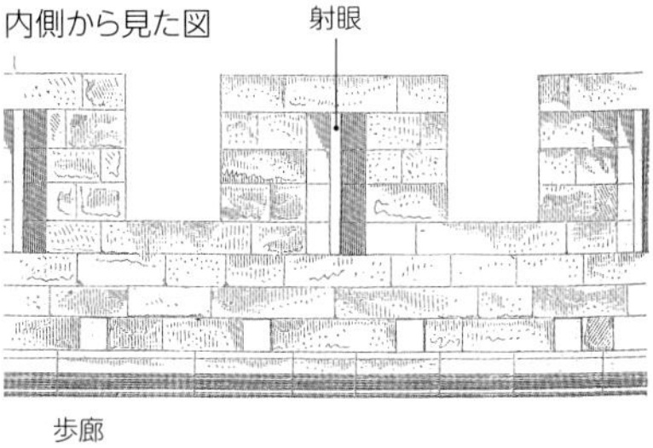

成形した笠石

Moulded coping

13世紀には胸壁の笠石は多くの場合、外壁面上に突出する成形した縁で作られていた。この戦略上の目的は矢が胸壁の頂部をかすめて城内へ進入するのを防ぐことだった。時には凸壁の両側にこのような処理が施されていた。

外側から見た図

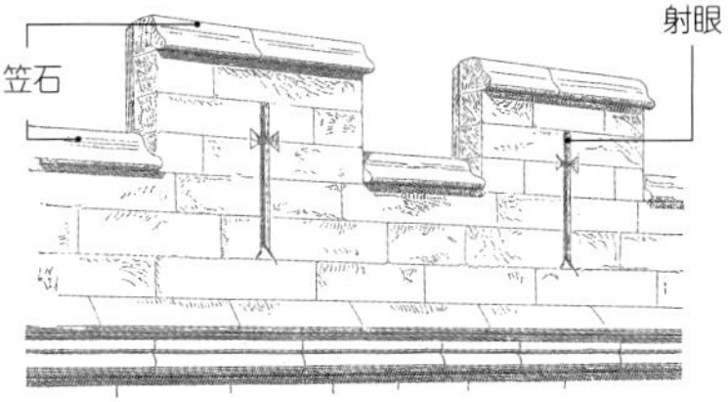

内側から見た図

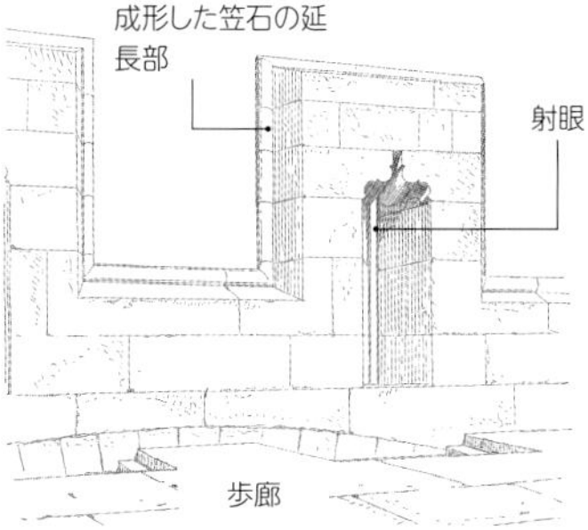

狭 間

Crenellations

胸壁の狭間付きの輪郭には凸壁と狭間が交互に連続し、狭間には飛び道具を発射できる朝顔口があった。寸法は様々だったが、初期の凸壁は狭間よりもかなり広い傾向にあった。1200年頃から凸壁には射眼が穿たれた。

屋根付きの歩廊

Covered allures

歩廊が屋根や丸天井で覆われると、周囲を囲む壁は通常の感覚では狭間付きにすることができなかったが、開口部と、射眼が穿たれた遮蔽壁を交互に設ける建築様式が導入された。

胸壁 *Battlements*

燕尾形胸壁：イタリア
Swallowtail battlements: Italy
イタリアで流行したのは燕尾形胸壁だった。凸壁の内側は狭間を曲線状のV形にするようにアーチ状になっていた。ギベリン党（政党）に忠誠を表したと言われるが、それらの意義は完全には明らかになっていない。

胸壁の一般的原理は普遍的だったが、すべての狭間が同じ様式をたどるとは限らなかった。凸壁と狭間の均整の取れた幅は変化し、特に中世後期では地域的な様式が発達した。一般に、これらの地域色の強い伝統は防衛力の進歩にはほとんど関係がなく、芸術的または象徴的な理由によるところが大きい。13世紀以降は、胸壁は軍事的機能に加えて装飾的な棟飾りとしての役割を果たし、中世の時代が進むにつれてもっぱら増加した役割である、城の装飾的効果を高めるためにデザインされた。

ムデハレス様式の胸壁 ： スペイン

Mudéjar battlements: Spain

スペインでは、イスラム教の建築伝統がかなり影響して、ムデハレス様式の凸壁が発達した。これらは独特のピラミッド形の笠石や頂部を備えている。ヨーロッパ式の胸壁の傾斜した笠石にも影響を受けていたが、ここでは非常に装飾的な立体感のある特色が与えられた。

階段状の胸壁 ： アイルランド

Stepped battlements: Ireland

中世後期のアイルランドで好まれた地域色の強い伝統は、凸壁が階段状の輪郭を持つ階段状または肩状の胸壁だった。幅の広い凸壁では1段ではなく2段ある場合もあった。建築物の隅部では凸壁が直角を形成し、頂華が高くそびえ立っている。

彫刻を施した胸壁 ： イングランド

Sculptured battlements: England

13世紀後期以降のイングランドでは、胸壁を彫刻で装飾することが流行した。この現象は特に14世紀のイングランド北部と関連がある。彫刻は兵士、音楽家、神秘的な形を表している。

狭間の鎧戸 *Crenel Shutters*

単一鎧戸方式
Single-shutter grooves

狭間の鎧戸の筒耳は凸壁の側壁内に掘り込まれたハウジング内に収容された。鎧戸が現存していなくても、その溝穴がそれらの存在を証明している。旋回軸の一端は1つの穴の内部に、他端は取り外しが容易な溝穴内に設置された。

凸壁は歩廊上にいる防衛側の兵士たちを何らかの形で防御したが、連続する遮蔽物がないことは胸壁の防衛特性における重要な弱点だった。この欠点を改善するために採用された手段は狭間に鎧戸を設置することだった。狭間の鎧戸は木製で、水平面上で蝶番式に旋回するように鉄製の取付け具で所定の位置に固定された。これは監視や発射物の発射の際に自在に開けられることを意味した。

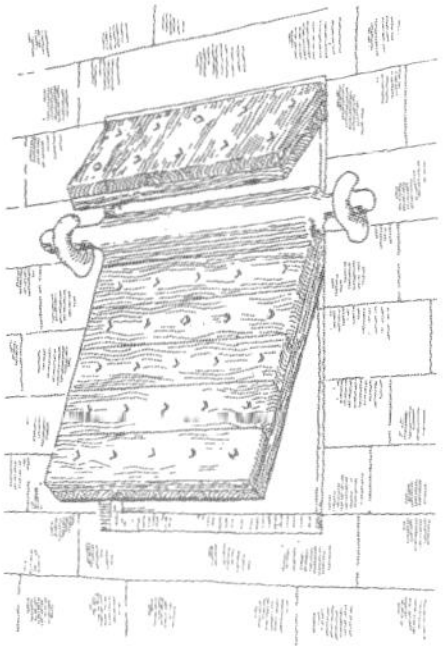

二重の鎧戸

The double shutter

周囲に囲いがある歩廊では、狭間には独自に操作できる二重の鎧戸が設置される場合があった。狭間が包囲されているという性質上、設置や取り外しがさらに困難だったため、二重の鎧戸でこの操作を簡単にしようという工夫だったのだろう。

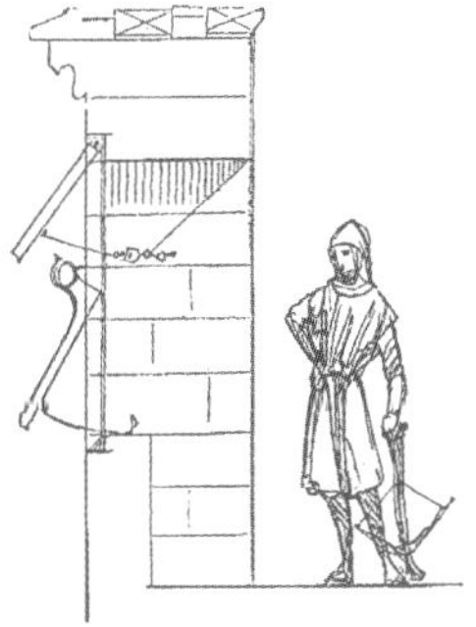

二重の鎧戸の断面図

Double shutter section

組み立てとメンテナンスの実用性が設計上の役割を果たしたかもしれないが、二重の鎧戸には別の機能を果たせるという長所もあった。上部鎧戸を開ければ、安全を危険にさらすことなく換気や採光を増やすことができた。

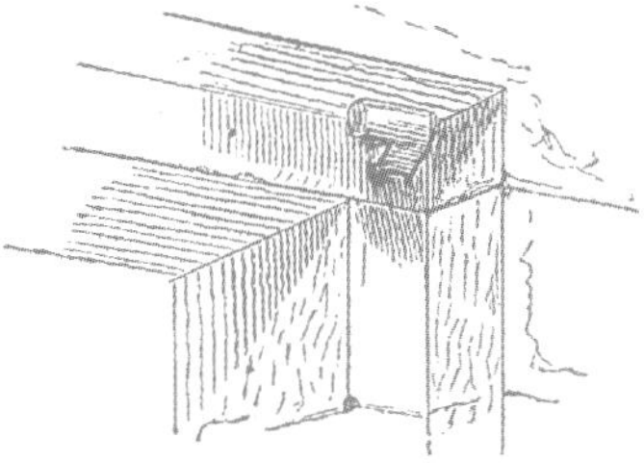

上部鎧戸の固定具

Upper shutter fixtures

上部鎧戸は枠の頂部で、外側のさねはぎの溝内に固定した鉄製の軸棒に取り付けることができた。軸棒は枠の正面にはめ込まれているため、さねはぎの溝には鎧戸が外壁面と同一平面で閉じられるようにする必要がある。

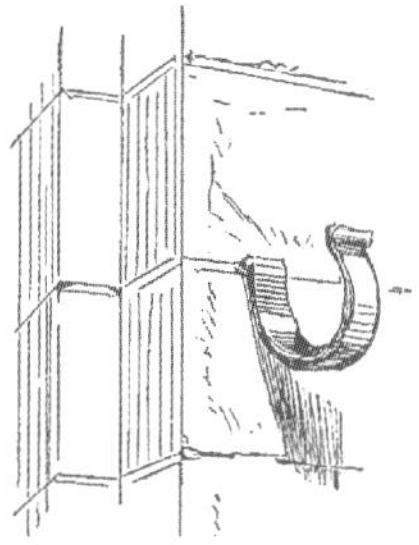

下部鎧戸の固定具

Lower shutter fixtures

下部鎧戸の固定には別の方法が用いられた。外面には蝶番棒が取り付けられ、狭間の両側でそれぞれ壁面に固定された一組の鉄製のヒンジ上に掛けられた。

櫓 *Hoardings*

一部の城では、櫓として知られる木造構造物が壁頂部に沿って建設されたようだ。櫓は、防衛上の最前線を作り出して城壁正面の領域を直接支配するために、壁の外面上に片持ち梁のように張り出した包囲型の戦闘用回廊で構成された。中世の櫓はわずか一例だけが現存しているが、その特質に関する情報は当時の絵画や、それらに対応した現存する石細工の特徴からも見受けられる。

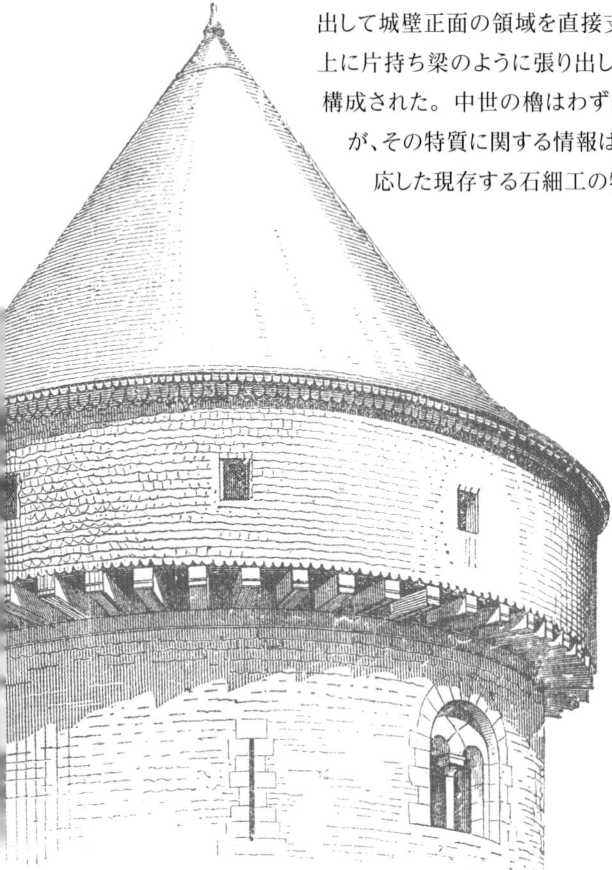

ラヴァル城
Château de Laval
一般に中世の櫓はもはや現存していないが、フランス北部にあるラヴァル城の貴重な遺物は櫓が永久的建築物として設計されていたことを表している。

櫓梁用の溝

Hoarding beam slots

櫓がかつて存在していたという一般的な手がかりは壁頂部付近の１～２列の梁用の溝である。主要な梁は壁を貫通し、櫓は２カ所の平行だが相互に連結した回廊ができるように壁の両側に建設された。

櫓の建設

Hoarding construction

主要な片持ち梁は、その上に上部構造が建築される土台であり、壁の両側へ伸長した。石造建築物の狭間は外回廊への進入路となり、狭間の敷居の高さに建設した踏み台を備えていた。

使用中の櫓

The hoarding in use

櫓の外回廊には射眼が設置され、壁の基部を見渡せる床の穴を通して飛び道具を落とすことができた。内回廊によって人員や武器を迅速に配備しやすくなった。

持ち送り積み構造の支持体

Corbelled supports

一部の城では梁用の溝を組み込むのではなく、石工たちが持ち送り積み構造の支持体を建設して櫓の準備を行った。それが木造の櫓に取って代わる石造の持ち送り積み構造の石落としを開発した第一段階だった。

溝状の石落とし
Slot Machicolations

櫓の長所の1つは幕壁の基部を支配できた点だった。従って城壁への攻撃やはしご登りによる侵入を妨害するために櫓を使用することができた。櫓の欠点はそれらが木造だったため、投石器や火に無防備だった点である。1つの解決策は石で櫓の機能を模した壁頂部の防衛方式の構築で、それはさらに頑丈で耐火性もあった。溝状の石落としはそうした方式の最初の試みだった。

ゲイラード城
Château Gaillard
西ヨーロッパにある溝状の石落としの初期の一例は、フランスのノルマンディーにあるゲイラード城のドンジョンにあった。1196年～1198年に建築された胸壁は、尖頭アーチ形で連結した一連のくさび形の控え壁上で支持され、石落としの溝は控え壁の間の凹部上部に設置されている。

クラック・デ・シュヴァリエ

Krak des Chevaliers

おそらくゲイラード城にある例に先立つ溝状の石落としのさらに完全な例は、シリアのクラック・デ・シュヴァリエの内郭に建つ12世紀の北東の塔に見受けられる。その仕掛けはむき出しの側壁の基部を非常に明確に防御している。

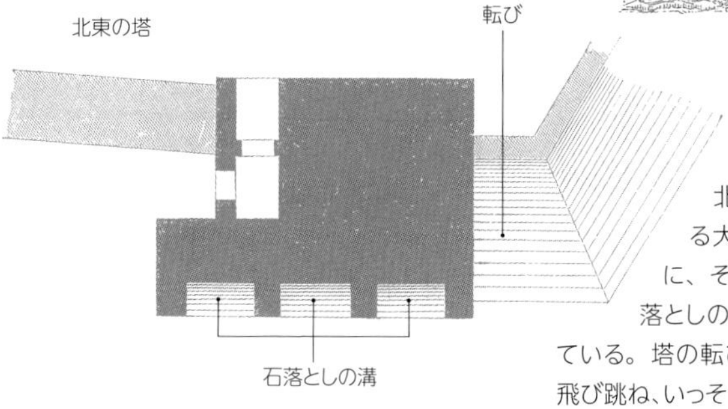

クラック・デ・シュヴァリエ(平面図)

Krak des Chevaliers

北東の塔の平面図は、破壊力のある大量の飛び道具を発射するために、それぞれ長さ約3.5mの3つの石落としの溝が使用可能だったことを表している。塔の転びによって飛び道具が加速して飛び跳ね、いっそう危険が増したのだろう。

教皇庁

The Popes' Palace

溝状の石落としは中世後期に大幅に取って代わられたが、14世紀には少なくとも1つの主要な要塞型住居で広く用いられた。これはフランス南部にあるアヴィニョン教皇庁で、ここでは転びのついた礎石と、控え壁を支える石落としを組み合わせた結果、強力な要塞となっている。

持ち送り積み構造の石落とし
Corbelled Machicolations

箱型石落とし
Box machicolations
持ち送り積み構造の石落としの初期の一様式である箱型石落としは中東で発達した。13世紀前半にはシリアにあるクラック・デ・シュヴァリエの外幕壁沿いに展開されて、幕壁背後の丸天井付き回廊から進入できる、一連の持ち送り積み構造のある、石造屋根付きの突出部を形成した。

溝状の石落としに代わる物は持ち送り積み構造の石落としで、13世紀に発達した。この方式では一列の持ち送りが張り出した胸壁を支持し、石落としの開口部が持ち送りの間に配置されていた。持ち送り積み構造の石落としは木造の櫓から徐々に発展し、持ち送りは櫓の上部構造を支持した水平の木梁に取って代わった。溝状の石落としの長所は、それほど丈夫な構造は不要だったことだが、短所は開口部が小さいために用途が狭いことだった。

段層状の持ち送り

Tiered corbels

14世紀以降、フランスでは多層持ち送り上の過度に装飾を施した石落としが防壁の城壁頂部の装備に必要不可欠となったが、イングランドではそれほど流行しなかった。しかし主要目的が防衛だった一方で、その形に対する装飾的特徴もあったことはまちがいない。

設計と建築

Design and construction

建物の隅部にある持ち送り上のアーチ形の石落としは高精度を要した。フランス南部にあるアヴィニョン教皇庁の14世紀の石落としの背後にいる職人たちは、胸壁の2つの壁面、持ち送りの斜めに傾斜した側面とアーチの曲線を含む多数の平面に対処しなければならなかった。

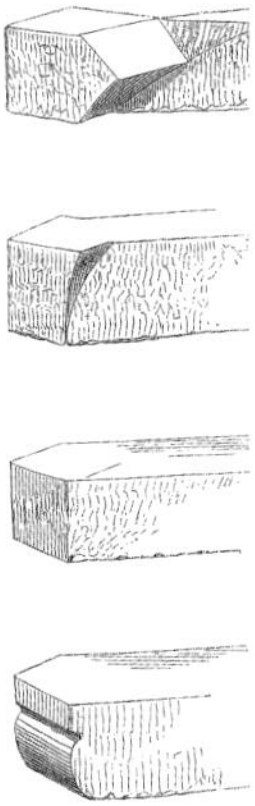

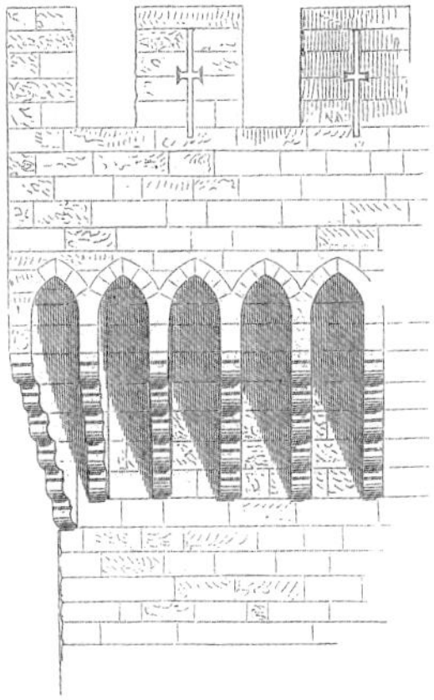

芸術性

Aesthetics

フランス南部にあるタラスコン城のこの15世紀初期の例が示すように、中世後期の石落としの中には実用的かつ装飾的なものもあった。光と影のコントラストを作り出すために持ち送りを交互にくぼみを設けて筒状に成形し、目隠しの三つ葉アーチ形のまぐさ石が間にある開口部を際立たせている。

階層状の城壁頂部の防衛
Tiered Wallhead Defence

櫓の断面図：クーシー城
Hoarding section: Château de Coucy
この断面図はフランスのピカルディーにあるクーシー城のドンジョンに再建した櫓を図示する。2段の防衛設備があり、第1の設備は櫓の下にある石造内の射眼を使用して城壁背後の砲座から、第2は城壁の外側にある櫓自体から応戦した。

木造の櫓を石造の石落としに交換した結果、強度と耐久性の向上した建築物となった。しかし、より重く弾力性の低い石材の特性により、木造建築物の完全に忠実な複製を作ることは不可能だった。特に木造の櫓によって複数階層の城壁頂部の防衛がますます配備されたのに対して、そのような配列は石造では再現できなかった。14世紀には特にフランスの城郭建築者たちは、同じ結果に到達して結果的にさらにめざましい建築学的特徴を生み出す代替方式を考案した。

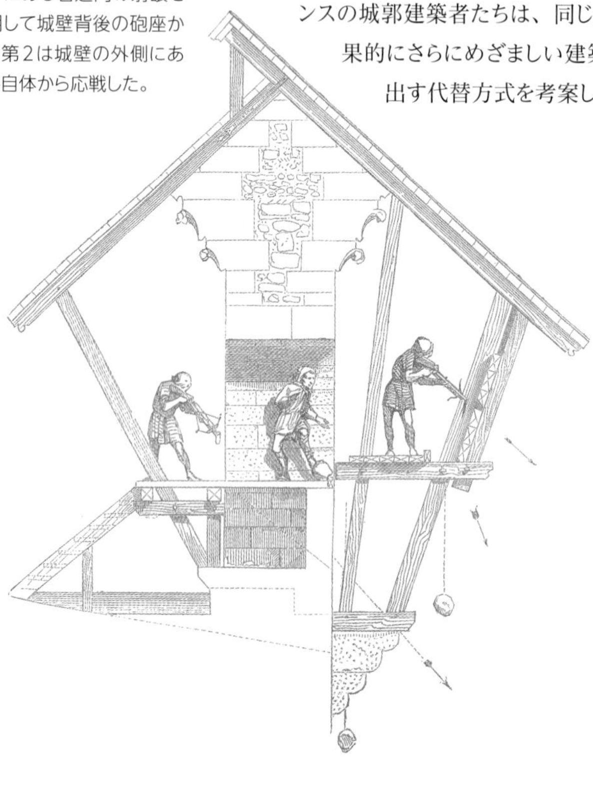

2階層の櫓

The two-tier hoarding

参照文献では2階建ての櫓の存在が示され、これは全くあり得ないことではない。木材は建築上は比較的軽く弾力がある。石造の射眼と組み合わせると、3階層の防衛施設を実現することは可能だったはずだ。

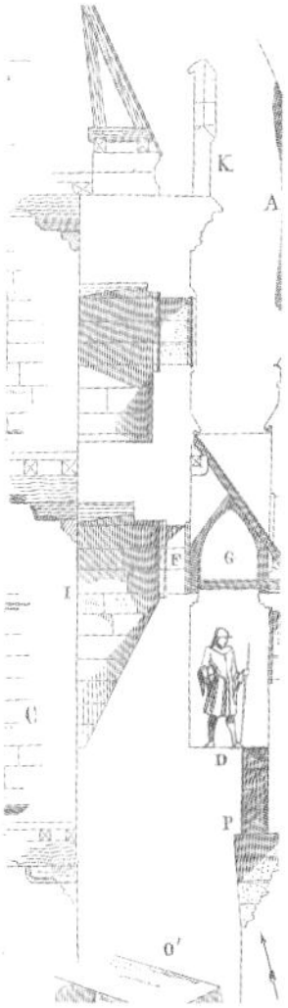

石造城壁頂部の断面図：ピエールフォン城

Masonry wallhead section: Château de Pierrefonds

ピエールフォン城の3階層の1階は、持ち送り上で支えられた正面壁と後方の壁に向かって傾斜した屋根のある石落とし付きの回廊である。回廊の背後および上部は狭間を設けた階層で、その上部には外部歩廊の狭間付き胸壁がある。

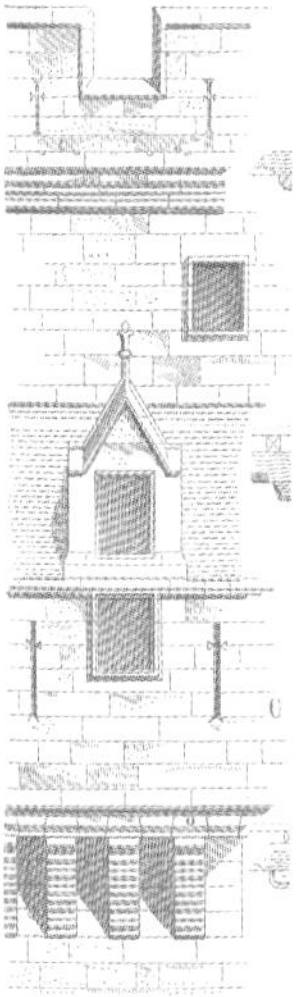

石造の城壁頂部：ピエールフォン城

Masonry wallhead: Château de Pierrefonds

石材で階層状の防衛方式を再現することは非実用的だった。しかし14世紀後期には城郭建築者たちは一般原理を取り入れた石造建築計画を考案していた。例えば、パリ近郊のピエールフォン城には3階層の狭間と射眼がある。

石造城壁頂部の建設：ピエールフォン城

Masonry wallhead construction: Château de Pierrefonds

石落とし付き回廊の階では、第一の歩廊が壁の横桟上にあるために外壁は狭くなっている。壁は回廊の背後で支えられて回廊と同じく狭間と射眼が穿たれた別の階層を作り出している。狭間付き胸壁は別の階の防衛施設を形成している。

イントロダクション
Introduction

主要な城門は塔に付随するのがほとんどで、1基の塔内部に組み込まれているか、1～2基の塔が脇を固めているか、のいずれかである。入口とそれに付随する塔は楼門を形成した。初期の楼門は四角形でたいていは1基の塔を備え、おそらく木造の原型に限定された形をしていた。11世紀の石造楼門の一部では、城門は通路よりもむしろ玄関ホール内へ開かれている。このような配置は木造建築物を模しているのかもしれない。後期の楼門では通路は標準装備されている。

城門の通路
The gate passage
城門は火による攻撃には弱かったため、城門の通路はたいてい石造の丸天井造りだった。円筒形ボールトはこれを実現する機能的で経済的な方法だった。さらに高品質の円筒形ボールト構造がリブの枠組み上に建築された。時には印象的な外観を生み出すためにリブ・ボールトというさらに装飾的な形が用いられた。

再 建

Reconstruction

11世紀または12世紀初期の楼門は本来の状態ではほとんど現存していない。ノーサンバーランドにあるプルドー城の楼門の2階は13世紀に再建されて、さらに上の階は14世紀に増築されたが、12世紀初期の下層階はそのまま残された。

2通りの楼門：マルガット城

A two-way gatehouse: Margat Castle

シリアにあるマルガット城の入口は非常に珍しい。外観は従来通りだが、通路を通ってまっすぐ中に入るというよりも両側に通り抜ける形になっている。一方の門が城への進入路で、もう一方は関連する城塞都市へと通じている。

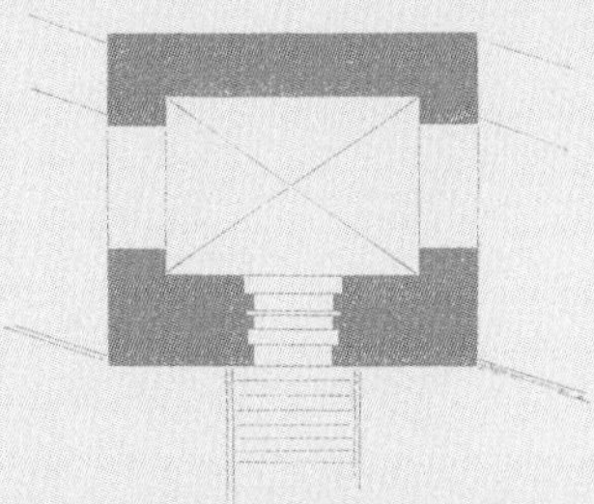

1階：マルガット城(平面図)

Ground-floor: Margat Castle

箱型石落としと落とし格子で防御された楼門の通路を通ると、天井が交差ボールトの玄関ホールへ入ることができた。側壁の開口部は城(右)と町(左)へ通じていた。

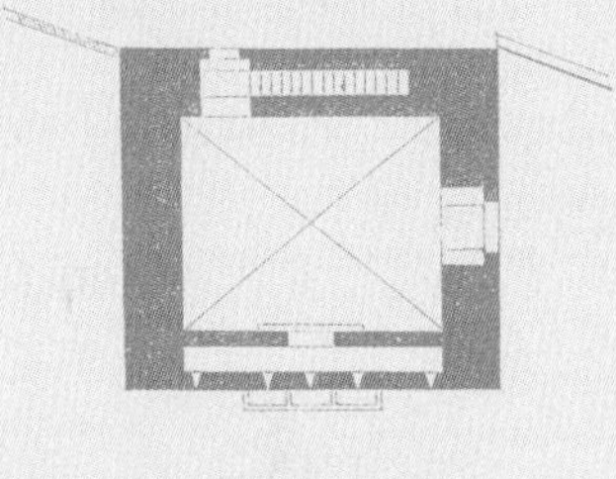

2階：マルガット城(平面図)

First-floor: Margat Castle

2階も胸壁も1階とはつながっていなかった。落とし格子は丸天井付きの2階から操作され、玄関正面沿いの壁上回廊を通ると箱型石落としへ行くことができた。壁上階段は玄関ロビーから胸壁へと通じていた。

双子塔の城門
Twin-Towered Gateways

12世紀後期以降、1組の塔で脇を固めた城門が一般的に建てられるようになった。城門の正面に突出する双子塔によって、この無防備な場所でさらに効果的な防衛を指揮できるようになった。その後、双子塔は門の通路上に伸びた部屋で連結され、そこから落とし格子や跳ね橋の装置が操作された。最古の双子塔は平面図では四角形だったが、12世紀～13世紀になるとさらに実験的な設計となっていった。

多角形の塔：ワークワース城
Polygonal towers: Warkworth Castle

1200年頃、ノーサンバーランドにあるワークワース城に半多角形の塔が出現した。塔の壁面が多数あるため、射眼からの射界が広くなった。入口は落とし格子と、城門の通路の丸天井にある石落としによって防御された。14世紀末近くには楼門の高さは高くなった。

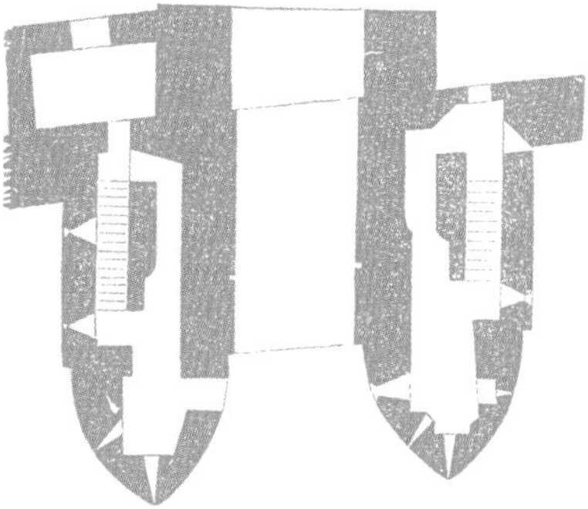

突出した塔：サン=ジャン門

Beaked towers: Porte Saint-Jean

12世紀後期～13世紀初期のもう一つの珍しい平面図は、当時の突出したドンジョンを模した形の突出した塔だった。フランスのロワール渓谷にあるサン=ジャン門にはこの様式の側塔のある楼門が建てられ、その塔は壁から大胆に突出している。

追加された塔：ラン門

Appended towers: Laon Gate

13世紀の一般的な平面図は、四角形の建築物の隅部に円筒形の側塔を追加したもので、フランスのピカルディーにあるクーシー城のラン門のこの平面図に示すように、やがて楼門の中心となっていった。この平面図は楼門が住居として使用される可能性を示していた。

円筒形の門：ロッキンガム城

Drum gate: Rockingham Castle

13世紀初期以降、側塔の最も一般的な形状は円筒形の塔だった。これは入口が2つの弓形の正面内で凹部となるように、円形またはD形の平面図となる可能性があった。ノーサンプトンシアにあるロッキンガム城では13世紀後期にD形の双子塔を増築することで楼門が近代化された。

大楼門 *The Great Gatehouse*

13世紀中に城郭の発展が重要視され、時として大塔が完全に避けられると、大塔の性質を兼ね備えた様式の楼門が発展した。これらのいわゆる楼門主塔は双子塔の楼門から進化したもので、頑丈な住居施設を含む四角形の居住用建物が追加された。同時に楼門の防衛能力は保持された。これらの要素が一体化構造に合体し、13世紀後期には定着した人気のある建築様式となった。

ラン門：クーシー城

Laon Gate: Coucy-le-Château

この様式の初期の例は、フランスのピカルディーにあるクーシー城の城壁都市への入口の1つ、ラン門である。これは1215年～1242年頃に建てられた。跳ね橋、落とし格子、幾列もの射眼、入口上部や塔周囲の櫓によって防御されたこの門には後方の建物の2階に広間があった。

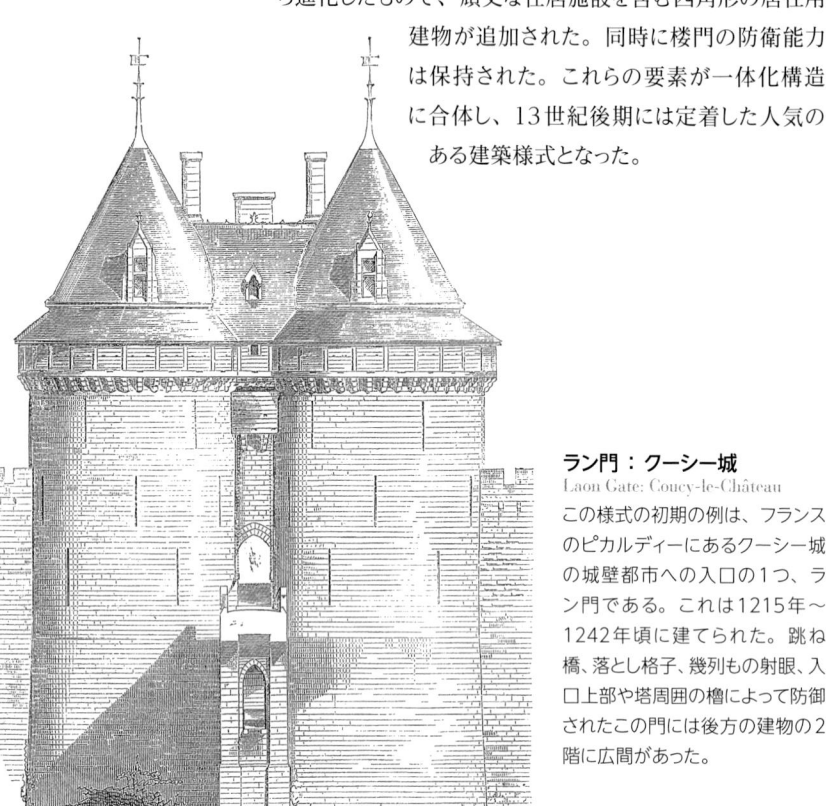

トンブリッジ城

Tonbridge Castle

ケント州のトンブリッジ城にある、イングランド最古の楼門主塔の1つは1250年代にさかのぼる。この楼門には3階に広間があり、個室は2階にあった。後方にそびえる建物はこの建築物にさらに居住空間があることを表し、正面にそびえるさらに軍事的な、近接して配置された円筒形の塔とは対照的である。

デンビー城（平面図）

Denbigh Castle

カーナーヴォン城にある王の門の意図的な形の一部の外観が、国王の援助を受けて1282年に建築が開始された、同じくウェールズにあるデンビー城の主要玄関で見られるかもしれない。おそらく1290年代にさかのぼるデンビー城の楼門の平面図は、各隅部に八角形の塔と中央に八角形の玄関広間を備えた略三角形である。

カーナーヴォン城

Caernarfon Castle

エドワードI世による13世紀のウェールズ征服の際に、トンブリッジ城にならって複数の楼門主塔が建築された。ウェールズ北部のカーナーヴォン城にある王の門には少し異なる設計が施された（が、完成しなかった）。楼門は城を横切って右へ伸び、2カ所のベイリーに分割するように設計された。

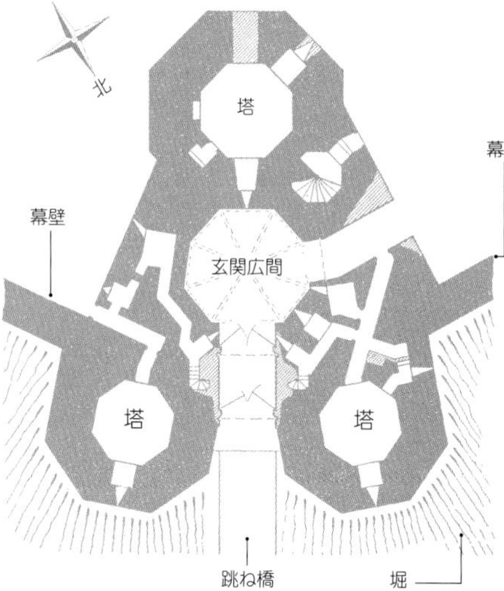

楼門 *Gatehouses*

13世紀は楼門主塔で全盛を極めた一様式の、双子円筒形の塔を備えた楼門が多数派を占めた。楼門主塔の歴史的に重要な特徴は中世後期に人気のあった様式に依然として残っているが、14世紀の流行は多数の13世紀の建築物の特徴だった明らかに軍事的な雰囲気とはかけ離れて、より優美な方向へ向かった。この双子塔のある楼門設計はこの新しい様式が最も流行していたことの表れだが、別の様式もまた建築された。

ヴィルヌーヴ=レ=ザヴィニヨン

Villeneuve-lés-Avignon

楼門主塔の遺産はフランス南部のヴィルヌーヴ=レ=ザヴィニヨンにある14世紀後期の城などの楼門に見られるものである。正面を横切る連続する一列の胸壁は多数の石落としを備え、バスティーユやタラスコン城にある当時のフランスの習慣を踏襲している。

マックストーク城
Maxstoke Castle
双子の多角形の側塔を備えた楼門の流行は14世紀中期のイングランドで広がった。ウォリックシアにあるマックストーク城には本格的な防衛特性が備わっているが、その設計には芸術性も重要な要因だった。楼門はその両方を具体化しているが、その中央位置とそびえ立つ高さによって、建築上の影響が最重要だったことを表している。

プエルタ・デ・セラノス(セラノスの塔)
Puerta de Serranos
スペインのバレンシアにあるプエルタ・デ・セラノスはマックストーク城と同時期の1349年頃の城門である。ここにも多角形の塔があるが、城門の上部は精巧なブラインド・トレーサリー（狭間飾り）を施した拱廊に、上層階の周囲は持ち送り積み構造の回廊（再建）になっている。この楼門の後方は開放型である。

ブロアム城
Brougham Castle
塔を１基備えた四角形の楼門は初期の様式だが、中世後期の例はいくつか知られている。カンブリア州のブロアム城にある14世紀の楼門は、その装飾的な窓のトレーサリーや持ち送り積み構造の石落とし、斜めに配置された隅塔によって、その時代の建物だとすぐに分かる。

後期の楼門 *Later Gatehouses*

15世紀は楼門設計に特別な革新を全くもたらさなかった。中世後期の多数の新しい城郭用に統合設計を採用した結果、新しい楼門はそれほど独立した存在ではなくなり、中には入口が住居施設区域の1つを通過する単なる丸天井付きの通路になったものもあった。その他の例では、大楼門の視覚的影響が大きすぎて無視できず、楼門正面は記念碑のような中央装飾物として保持された。

ハーストモンス城
Herstmonceux Castle
1441年頃に建築された、サセックス州にあるハーストモンス城の楼門は明らかに軍事的な外観を備えている。この楼門には複数列の十字形射眼、低層部に一列の銃眼、双子塔間の空間を横に支える石落とし付きの狭間胸壁、玄関アーチ形上部の石落とし、跳ね橋の梁用の溝が装備されている。しかし形式や配列も強調されている。

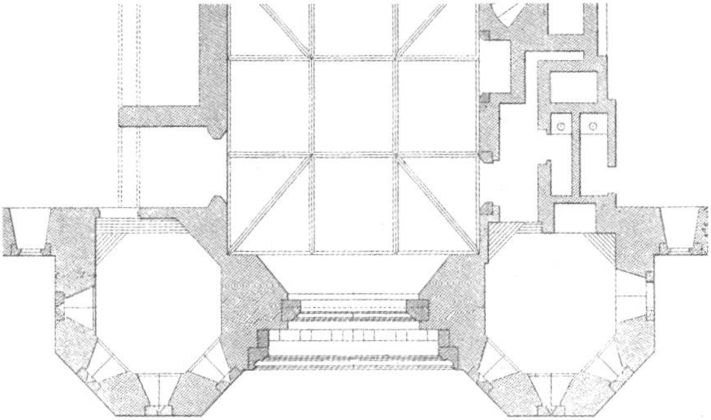

城門：
ハーストモンス城(平面図)

Gateway: Herstmonceux Castle

ハーストモンス城の城門は、天井がリブ・ボールト式の、通路というよりも玄関広間と呼べる空間へ通じていた。本来はここから隣接する区域への通路はなかったが、側塔の片方に運搬人の宿所があった。

ラグラン城

Raglan Castle

1460年代にさかのぼる、ウェールズにあるラグラン城の楼門は1組の半六角形の塔で脇を固められており、その派手な装飾を施したアーチ形の石落としはフランスの影響を表している。門への進入路を防御する銃眼が1カ所あるものの、すべての窓はまさしく住居用の外観を示し、唯一射眼だけが凸壁に設けられている。

ベルモンテ城

Belmonte Castle

専用入口を備えた外幕壁のある同一中心設計の城では、外楼門は内郭へ通じる主要な楼門よりも必ず小型である。1456年頃にさかのぼる、スペイン中部にあるベルモンテ城の外楼門は比較的低く、広い正面では2基の円塔が脇を固めている。

殺人孔 *Murder Holes*

いわゆる「殺人孔」は主に城門に限られる石落としの一様式である。上層階の占拠者が使用できる城門の通路の丸天井や高所に設けた開口部、多くは同じような特徴を持つ一群の1つで構成される。過去には城の防衛側の者たちが城門の通路へ許可なく進入してきた敵に飛び道具で襲撃できる手段として説明されていたが、供給物資のハッチ（出入口）として使用したことを含めた別の解釈も同様であり、少なくとも根拠は確かである。

作業用ハッチ
The service hatch
これらの別の解釈の1つはカルカソンヌのナルボンヌ門の上にある大型の殺人孔に該当する。ハッチは城門の通路の丸天井だけでなく、2階の部屋の丸天井も貫通している。これはおそらく楼門の上層階へ物資運搬するために設計されたのだろう。

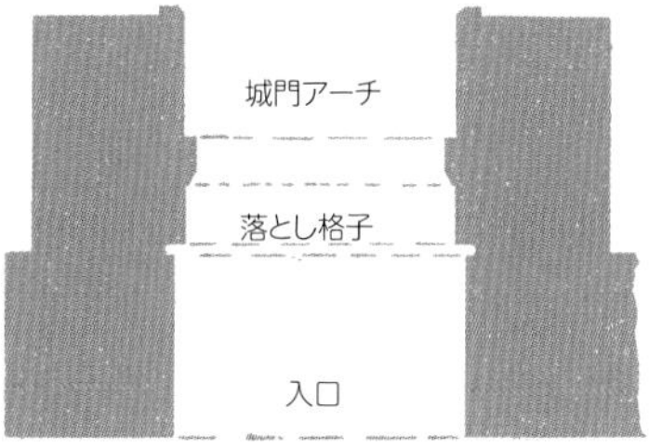

1階 ： ケルフィリー城（平面図）

Ground floor: Caerphilly Castle

独自防衛用に設計された建築物であるケルフィリー城の主要な東門には興味深い配列が現存している。1階では城門の通路の内端が開放的な入口、次に落とし格子、そして城門を通過している。

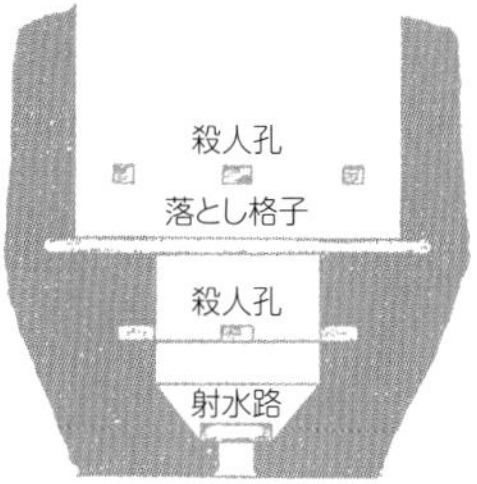

2階 ： ケルフィリー城（平面図）

First-floor: Caerphilly Castle

玄関上部には2列の殺人孔がある。1列目は入口の上に、2列目は落とし格子と城門の間にある。さらなる殺人孔は斜めの射水路の形で、玄関上部の高所に大きく開口している。

正面図 ： ケルフィリー城

Elevation: Caerphilly Castle

城門上部の石造部分の溝は射水路で、2階から壁上水路を経て給水された。このような装置は、門にいつ火が放たれても、その上に水をかけて消火できるように設計された。

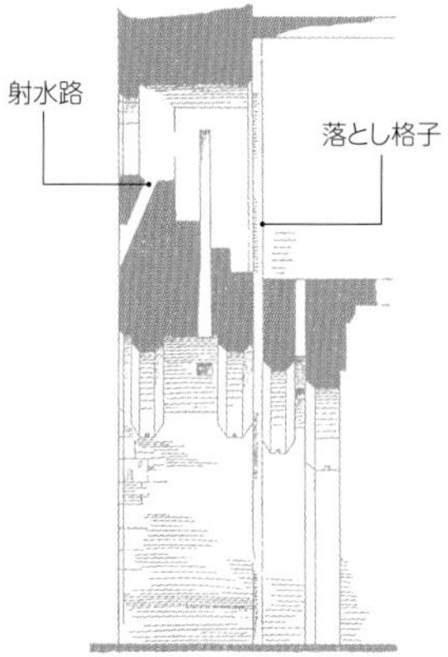

断面図 ： ケルフィリー城

Section: Caerphilly Castle

射水路には1列目の殺人孔と同じように、2階の窓の朝顔口から水が供給され、2カ所の外側水路は側壁を下る水路を形成していた。2列目の殺人孔は隣室から使用された。

裏門 *Posterns*

城には主要な城門に加えて、多くの場合、少なくとも他にもう1つ小さな入口である裏門があった。出撃門として知られる一部の裏門は、攻撃的な防衛政策に関すると考えられている。それらは城内の居住者たちが攻囲軍に対して人知れず出撃隊を出撃させる手段を与えた。しかしその他は明らかに食料の供給やその他の生活必需品に関する作業用の入口として使用されていた。多くはその配置や特徴から、特殊な城門の特定の目的を見分けることができる。

水門

The water gate

海や川の河口付近に位置する城では、通常は水辺へ直通の裏門があったはずだ。ウェールズのアングルシー島に建つボーマリス城にある1295年頃の水門は城壁正面の船着場と連結していた。

ワークワース城
Warkworth Castle

ノーサンバーランドにあるワークワース城の裏門はコケ川へと下る急な土手の頂上に開けている。城の台所の隣にある裏門の位置は、裏門の一機能が船で運ばれた食糧の搬入だったことを意味している。

高所にある裏門：ピエールフォン城
Elevated postern: Château de Pierrefonds

中庭の高度と地面の高さの間に格差がある場所では、裏門はかなり高い場所にあったにちがいない。フランスのピカルディーにあるピエールフォン城では、主要な裏門は1階の約10m上にある。もはや明確ではない接近手段があったはずだ。

傾斜面：ピエールフォン城
Inclined plane: Château de Pierrefonds

積荷は跳ね橋で裏門に固定された傾斜面上を上昇していった。裏門上部の歩廊に設置された巻き上げ機を使用して積荷をロープで傾斜面上を引き上げた。

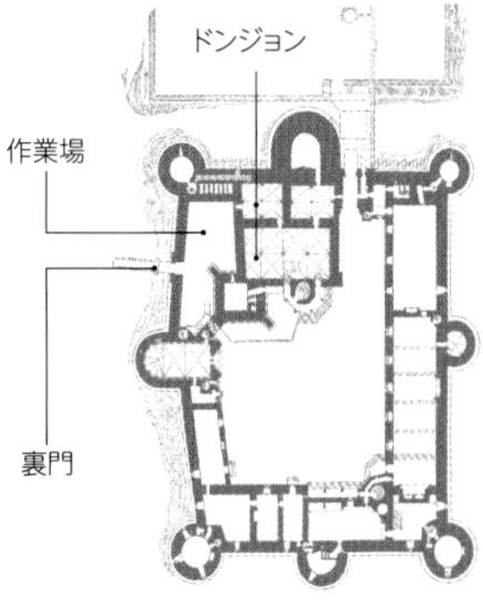

作業場：ピエールフォン城（平面図）
Service yard: Château de Pierrefonds

ピエールフォン城の裏門はドンジョン近くの作業場への進入場所に位置していた。これによりドンジョンの貯蔵場所付近にかなり大きな保管場所ができた。

跳ね橋 *Drawbridge*

大部分の城は入口への進入路を確保するために、橋を設置する必要のある溝や堀で防御されていた。しかし防衛力を危険にさらすことを避けるためには格納式の橋でなければならなかった。その解決策は何らかの機械仕掛けによって上昇する装置の跳ね橋で、無断進入を防ぎ、門前に防壁を増築する必要もなかった。中世の跳ね橋は全く現存していないが、関連する機械仕掛けの種類はたいてい建築遺構から判別できる。

吊り上げ式の橋

Lifting bridge

機械仕掛けの跳ね橋の最も単純な形状の1つでは、橋の内端部が城門の敷居上で蝶番によって可動し、外端部が楼門内部にある巻き上げ機に鎖で取り付けられていた。巻き上げ機が回転すると跳ね橋が上昇または下降した。

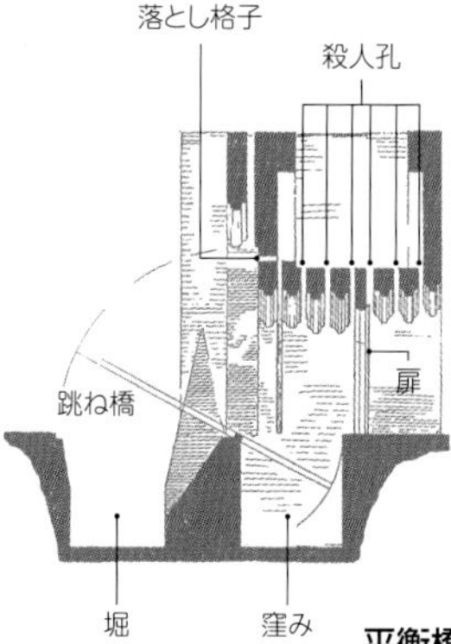

平衡橋

Counterbalanced bridge

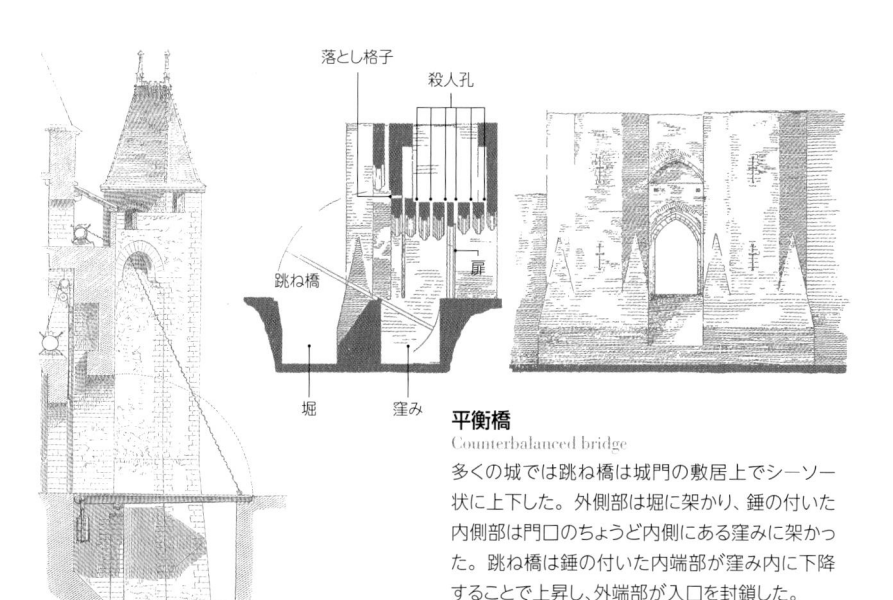

多くの城では跳ね橋は城門の敷居上でシーソー状に上下した。外側部は堀に架かり、錘の付いた内側部は門口のちょうど内側にある窪みに架かった。跳ね橋は錘の付いた内端部が窪み内に下降することで上昇し、外端部が入口を封鎖した。

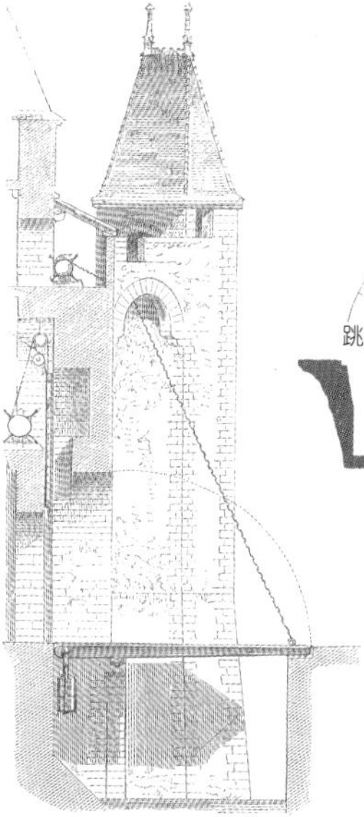

吊り上げ式の橋の断面図

Lifting bridge section

この断面図は鎖が跳ね橋の外端部から門の上の巻き上げ機へ伸びている様子を示している。跳ね橋が上昇しやすいように、内端部には錘がついている。

平衡梁

Counterbalanced beams

新型の跳ね橋は1300年頃から使用されるようになった。ここでは1組の長い梁が門口上部および両側で旋回した。梁は跳ね橋に鎖で固定され、内端部は平衡錘として機能するように錘がついており、この方法によって跳ね橋は上昇した。梁は垂直になると特別設計の溝にぴったりと収まった。

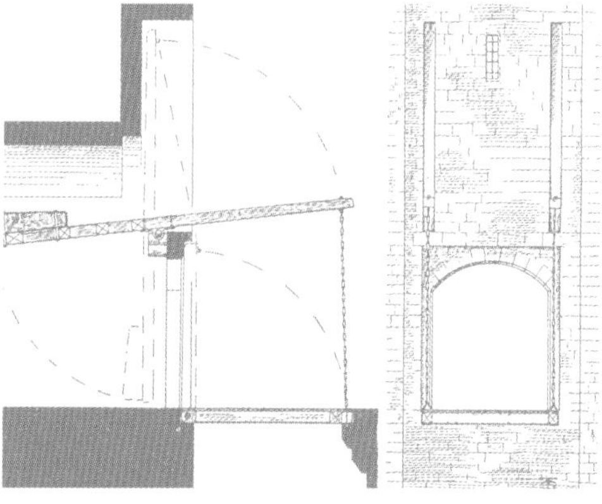

落とし格子 *Portcullis*

主要な城門、裏門、その他の重要な外からの入口はたいてい落とし格子によって防御された。木製の格子状をした落とし格子は入口上部に吊り下げられた垂直の門で、必要に応じて所定の位置に下げられた。落とし格子は巻き上げ機によって上部から操作され、入口両側の石造物内に刻まれた溝で誘導された。その木製垂直材の先端は鋭く尖り、鉄で覆われた。落とし格子は古代ローマ人に使用され、12世紀初期には城に導入された。

むき出しの落とし格子
External portcullis
大部分の落とし格子は建物内に引き込まれて、わずかに先端だけ突出している場合が多かった。しかし中には楼門正面の凹部内が見えるように、吊り上げた状態でもむき出しになっているものもあった。この配置には何らかの実利があると考えられていたかどうかは定かではない。

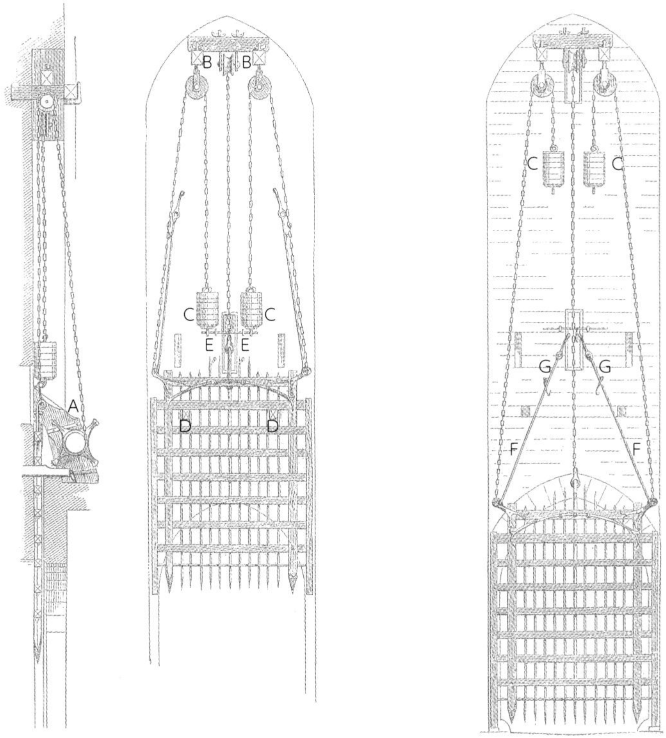

ナルボンヌ門：カルカソンヌ

Narbonne Gate: Carcassonne

落とし格子は鎖で上下し、その一端は滑車に、他端は巻き上げ機 (A) に取り付けられている。2本の別の鎖が2個のさらなる滑車 (B) 上の落とし格子の端部から伸び、末端は平衡錘 (C) で終わる。落とし格子はその背後の壁から突出する2本の伸縮自在の水平梁(D)によって吊り上げた位置で保持され、平衡錘をフックで固定した金属棒にしっかりと固定して所定の位置に係止する。

落とし格子を下降させる際は2本の支持梁 (D) と平衡錘 (C) を固定する金属棒 (E) を取り除く。落とし格子の重量によって一気に落下させることができる。落とし格子の頂部に取り付けられた1組の鉄棒 (F) は壁から突出する鉄製のピン (G) で所定の位置に固定される。それらをこのように固定すると落とし格子は上昇できない。

門扉 *Gates*

跳ね橋や落とし格子によって入口にはさらに防衛力が加わったが、従来の門扉の代用というよりはむしろ補強だった。門扉はたいてい木製の、側面で蝶番式に動く両開きで、多くの場合入口通路の両端に1つずつ設置されていた。しかし城門には多数のデザインが存在し、門扉自体は通常は現存していないが、それらがどのように吊り下げられ、錠で固定され、操作されたかということも含めて、その特徴は現存する石材や金属製の軸受けから復元できる場合が多い。

頂部吊り下げ式の門
Top-hung gates
一部の門の操作は跳ね橋のメカニズムから着想を得た。城門の通路の上部に設置した巻き上げ機で制御するこの場合の水平吊り下げ式の門では、門扉の重量によって一気に下ろすことができた。

中央吊り下げ式の門

Centre-hung gates

跳ね橋技術は別の種類の水平吊り下げ式の門にもはっきりと表れており、この場合は城門の頂部において、門扉中央で旋回した。ここでも重力が一気に下降させる役割を果たした。

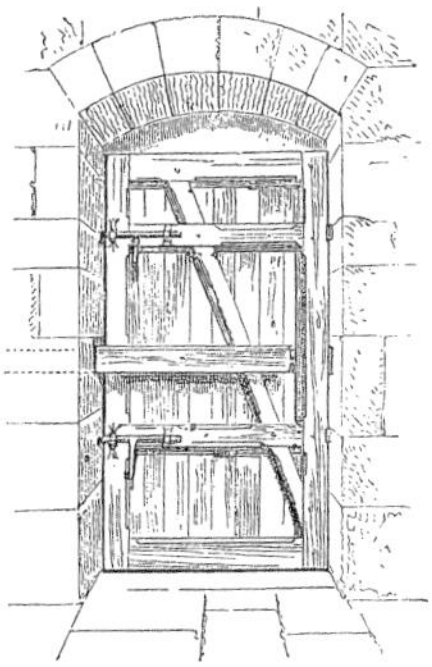

かんぬき（引き出し式）

The drawbar

かんぬきは不用時には戸口の朝顔口の片側にある長い受け口内部に収容された。門扉を固定する必要がある時には即座に引き出して門扉に渡し、朝顔口の反対側にある差込口に固定することができた。

かんぬき（旋回式）

The pivoted bar

この種類では、門扉は石枠に蝶番式で固定され、かんぬきは門扉を固定するために片方の扉に旋回可能に取り付けられている。閉鎖時には、かんぬきの両端は隣の壁に切り込まれた溝内部に挿入される。

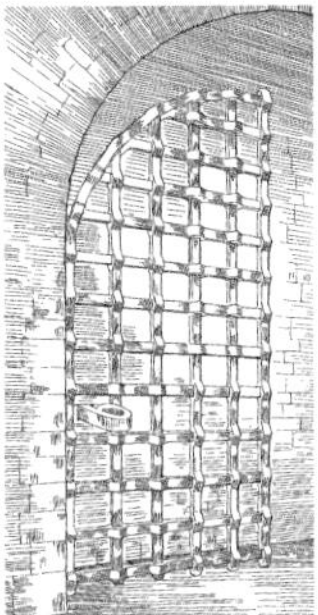

イェッツ

The yett

中世の城の入口には鉄門も使用された。イングランド北部とスコットランドでは「イェッツ」として知られる鉄門が14世紀～15世紀には一般的だった。

イントロダクション
Introduction

様々な防衛装置を装備した上に、多数の楼門には外堡も設置された。外堡とは城を訪れる者が門に到達する前に必ず通過する要塞化した外塁で、その目的は防衛または治安維持のために城への進入路に対して監視レベルを高めるためだった。戦時には楼門に奇襲をかけられる機会を減らし、楼門から指揮できる比較的狭く隠れる場所のない一画に敵を閉じ込めることもできた。

コンタル城
Château Comtal
外堡の中には複雑な建築のものもあった。その極端な例がフランス南西部にあるカルカソンヌのコンタル城へ向かう細長く要塞化した進入路である。壁で囲まれた１本の通路は丘のふもとにある円形の包囲地から斜面を登り、直角に曲がってから城塞に連結する。

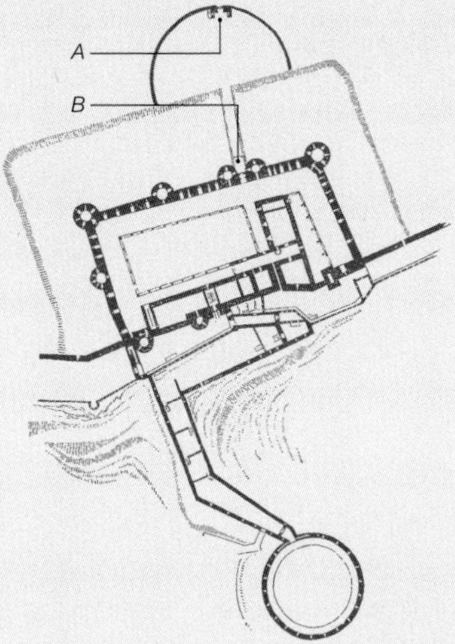

小型の外堡 ： コンタル城（平面図）

Lesser barbican: Château Comtal

コンタル城には外堡が２カ所あり、２つの主要な城門にそれぞれ１つずつあった。城塞都市へ向かう一方の外堡はそれほど複雑なものではなく、半円形の包囲地（A）とそこから門口（B）へ通じる通路とで構成された。それもなお要塞の重要な特徴であり、両方向からの城への進入が厳しく制限されていたことは明白である。

外堡の通路

The barbican passage

大部分の外堡は地理的な理由からカルカソンヌのものよりも簡素で小型だった。それでも楼門の防衛用に設計された重要な要塞で、進入路は楼門から監視されており、多くの場合、専用の門と跳ね橋を備えていた。

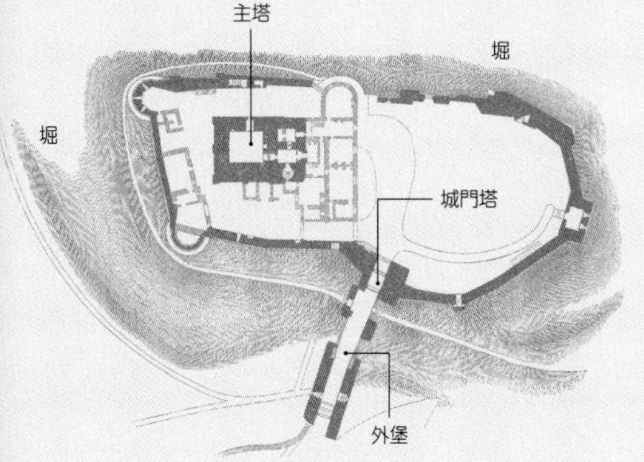

プルドー城（平面図）

Prudhoe Castle

堀で囲まれた城では、外堡は要塞化した橋と一体化している場合もあった。ノーサンバーランドにあるプルドー城では外堡は当初は楼門から堀の縁へと伸びていた。後に堀の外側に土塁が設けられ、２つの建築物は橋で連結されて細長い外堡が生まれた。

中庭型の外堡
Courtyard Barbicans

外堡の2つの主要な種類のうちの1つは中庭型の外堡だった。これは城壁や矢来（柵）で区切られた城門の正面にある包囲地だった。必ずではないがたいていは主要な城の溝の外側にあり、楼門とは橋で連結された。中庭型の外堡には専用の幕壁と城門があり、時には専用の溝もあった。一定の設計様式はなかったが、時には複数の城郭遺跡で共通の設計概念が繰り返し使用されており、おそらく同じ技術者の設計であることを示しているのだろう。

サン・ラザール門
Saint-Lazare Gate
中庭型の外堡の背後にある軍事的判断は、フランス南西部アヴィニョンにある14世紀のサン・ラザール門のこの再建に明確に表れている。城門自体にいくら攻撃を仕掛けても、外堡を占拠しなければ長続きしなかった。しかし外堡は楼門に見下ろされているため、掌握することは不可能だった。

サン・ラザール門(平面図)

Saint-Lazare Gate

この平面図は外堡の軍事的重要性を強く表している。入口は側壁内にあるため、外堡は楼門への進入路線を分断し、それにより攻撃の勢いを妨害する。三方の外壁とは対照的に、楼門へ向かう側壁は開いており、楼門内の防衛側には包囲地がはっきりと見える。

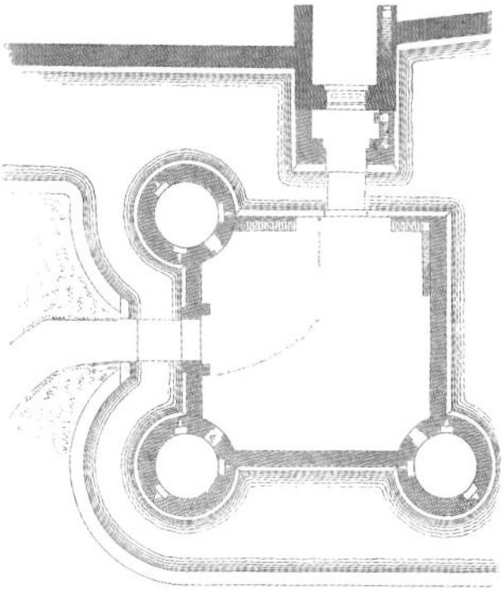

木造の外堡

The timber barbican

中庭型の外堡の多くは、城郭防衛ではほとんど現存していない媒体である木造だったようだ。かつてはかなり一般的だったのかもしれない。中世絵画のこの写しに描かれる木造の外堡には専用の双子塔のある楼門と蝶番式の門があり、明らかに重要な防衛上の役割を果たす目的で建てられていた。

コンウィ城(平面図)

Conwy Castle

立地場所の特性は外堡の特徴を決定する役割を果たしていた。ウェールズにあるコンウィ城は細長い岩場の隆起上に建っている。その2カ所の外堡は立地場所の両端を占有している。両方の城門は非常に単純な造りで、楼門がないことを外堡が補っている。

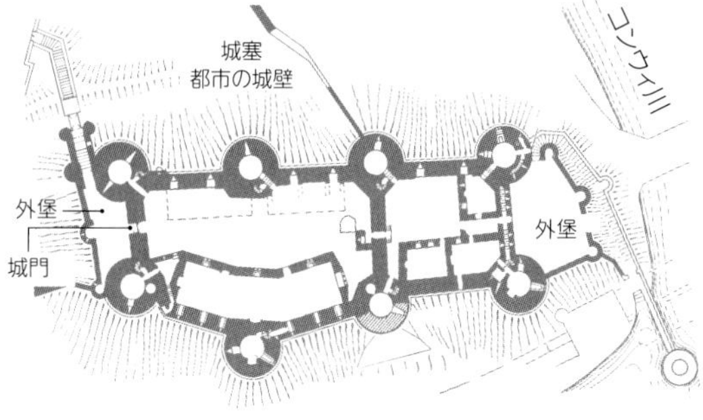

通路型の外堡

Passageway Barbicans

中庭型の外堡に代わる通路型の外堡は最も数多く現存する種類である。楼門の正面に設置され、城門の通路へ伸長部分を形成し、門口を覆うほど高くそびえる外堡はさらに圧迫感のある外観をしていた。通路型の外堡への入口は時には城門によって、時には落とし格子によって、時にはその両方で防御された。狭間付き胸壁の多くは歩廊を防御し、そこへは楼門内部から、または外堡自体の内部から行けたようだ。

アニック城

Alnwick Castle

ノーサンバーランドにあるアニック城へ通じる主要な城門の正面にある通路型の外堡は非常に保存状態が良い。14世紀中期の例である凹部の入口が1組の正方形の小塔の間に設けられており、非常に厳しく統制された進入路へ通じている。

歩廊
The allure

アニック城の歩廊には外堡内部からは進入できず、連結する楼門からのみ進入できた。歩廊は二重の胸壁で防御され、そのため防衛側が軍事的に有利となり、通路を厳しく監視でき、内部では城内への入城を許可する前に通行を監視できた。

丸天井付きの入口
Vaulted entrance

アニック城の丸天井付きの入口は、胸壁からその全長を見下ろす、高く狭い屋根のない通路へと開かれていた。外堡の片側から反対側へ１本の溝が走り、城門の正面に引き上げられる蝶番式の跳ね橋が架かっていた。

歩廊
The allure

この高さから外堡の井戸を完全に見下ろせるように歩廊が三方全周に伸びていた。歩廊は外堡の正面にある入口通路上の屋根や、入口の脇を固める小塔の胸壁へ降りる１組の階段へも通じていた。

イントロダクション
Introduction

バークレー城
Berkeley Castle
グロスターシアにあるバークレー城では、右手の大広間は背の高い横仕切りのある窓から特定でき、その高さから平屋建ての建物であることがわかる。広間の左端にあるポーチが玄関の場所を表している。一般的に、台所と作業室は広間の入口の反対側に位置していた。

城内の住居施設は大広間として知られる共同の食堂に集中していた。大広間のすぐ側にはあったのは食料品を貯蔵、準備する作業室だった。これらの中心となるのは台所だったが、他にも食料貯蔵室、酒蔵、その他の専門的な部屋が含まれていた。城主の私室も広間の側にあった。これはさらに大型の建物では、ひとまとめにして個室用建物として知られる、かなり精巧なひと続きの部屋を形成する場合もあった。

大広間

The great hall

城を描いたこの中世の手書き絵画には、住居棟の中心として広間の重要性が強調されている。大きなトレーサリー付きの窓と勾配屋根のある広間は、内部が目立つように幕壁の上に大きく描かれている。

バークレー城(平面図)

Berkeley Castle

大広間への入口はほとんどが側壁の一方または両方の「下手側」端部にあった。広間内部では、台所と作業室へ通じる「下手側」端部の壁に複数の扉があった。「上手側」端部の壁には、ほとんどが上層階にある城主専用棟への進入路がたいてい設けられていた。

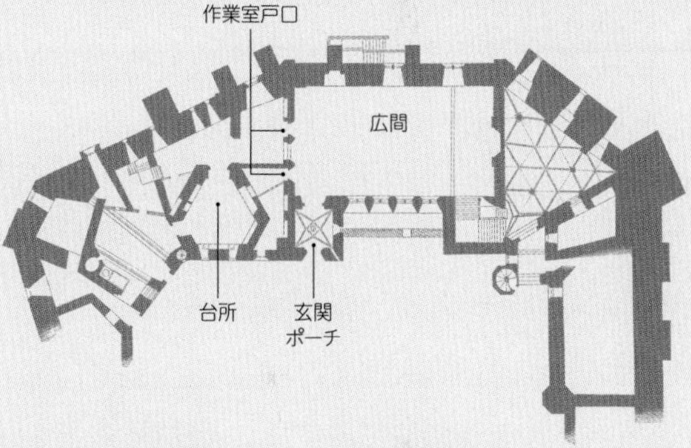

主賓の食卓

The high table

広間の「上手側」の端にある主賓の食卓の側には台座が占め、城主や来賓が一般客と共に食事をする際に着席した。台座はたいてい木造の構造物で、しばしば天蓋で覆われ、掛け布で装飾され、時には専用の暖炉が設置されていた。

初期の大広間 *Early Great Halls*

オーカム城
Oakham Castle
ラトランドにあるオーカム城の大広間では3部構成が特徴の通路付きの形が非常に高く評価される場合がある。1180年～1190年頃のこの建築物は専用の屋根付きの高い中央「身廊」と、個別に差し掛け屋根の付いた2つの低い側廊がある。切妻壁の戸口はかつて広間が補助的な建物と連結していたことを示している。

初期の大広間は教会のように、拱廊が内部を中央の身廊（ネーヴ）や側廊に分割するため、多くは通路のある構造であり、時には通路が1本だけの場合もあった。分割する目的は、単棟で屋根を付けなければならない場合に、技術的に可能となる以上に幅の広い建築物にするためだった。実際には、拱廊があるために身廊に通路専用の屋根をつけることができた。この理由から、12世紀の大型の大広間は通路付きの建築物となる傾向にあった。

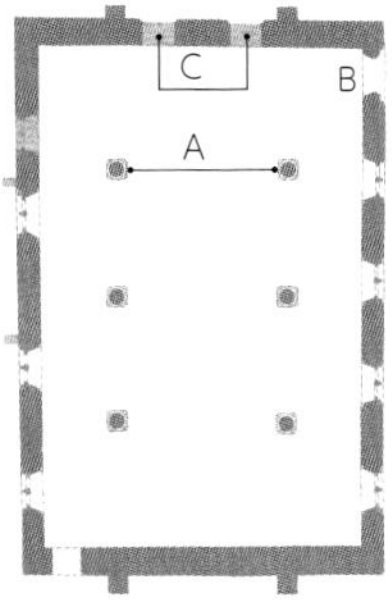

オーカム城（平面図）

Oakham Castle

円柱（A）は広間を分割する拱廊を支えていた。入口（B）は東の柱間内にある南壁の東端にあった。この「下手側」端部から作業部屋（C）への進入路があった。

室内：オーカム城

Interior: Oakham Castle

12世紀の屋根は葺き替えられたが、拱廊の支持機能は明らかである。最初の建築物はおそらく、垂木の端部が各拱廊の頂部に走る木製の壁板で保持された単純な繋ぎ小梁付き垂木屋根だったのだろう。

主塔内部の大広間（平面図）

A great hall within a keep

エセックスにあるヘディンガム城にあるように、大広間は主塔内部に見られる場合もあり、この城ではオックスフォード伯爵オーブリー・ド・ヴィアによって1140年代に建てられた塔の最上階に広間が位置している。

室内：ヘディンガム城

Interior: Hedingham Castle

大広間の空間的特徴は主塔の範囲に制限されたが、部屋を2階分拡張して、巨大なアーチ形で上端部に枠を設けることで大きな効果が生まれた。

中世中期の大広間
Mid-Medieval Great Halls

13世紀以降、通路に頼らずに大広間に屋根を葺く試みが行われた。大工技術が進歩した結果、13世紀~14世紀にいくつかの技術的解決策が発達した。その結果、いっそうまとまりのある外観と、美観と陳列（つねに大広間の重要な側面）のための多大な可能性を秘めたさらに広い室内が実現した。また大工職自身の名人芸も称賛の対象だったのだろう。この流行が見られる地方の要塞化したマナーハウスの1つがシュロップシアにあるストークセイ城である。

ストークセイ城
Stokesay Castle
ストークセイ城の大広間上部の単棟屋根を建設するために使用された技術は、シュロップシア特有の工法、クラック建築に基づいていた。これは通路のある工法から遠ざかる着実な動きを表している。屋根の構造は端壁に設置された高所通路トラスに関連している。

外観：ストークセイ城

Exterior: Stokesay Castle

通路のある広間に見られる低い軒は、通路が不要になった後でも時おり残っていた。13世紀にはこの種類の建築物にさらに装飾を施すことが発達したために、主要な窓の上に切妻を設けて背の高い窓にした。

ストークセイ城（平面図）

Stokesay Castle

ストークセイ城の居住棟の平面図は、幅の広い設計では広間がいかに重要だったかを示している。広間は主要な領域の中央大部分を占めている。2カ所の端部区画には貯蔵室があり、それらの上の階は住居施設だった。

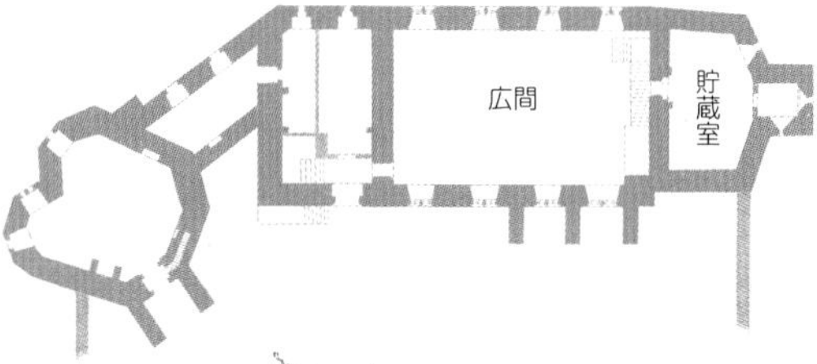

アクトン・バーネル城

Acton Burnell Castle

大部分の大広間には付属の独立した建築物があったが、シュロップシアにあるアクトン・バーネル城では2階の広間（大きな窓で確認できる）はさらに大きな建物内部に完全に統合されていた。この程度の統合は中世後期の小型の城の一部では一般的になっていた。

中世後期の大広間
Late Medieval Great Halls

ケニルワース城
Kenilworth Castle

中世後期の城の多数の大広間は2階に建築された。ウォリックシアにあるケニルワース城では、14世紀後期の広間が地下室の上に建てられた。2階の広間にある5カ所の柱間が非常に背の高い窓（暖炉と煙突で中断された）から確認できる。右手には簡素な作業室があり、左手には装飾的な窓を備えた私室がある。

中世の大広間の起源は大勢の人たちの宿泊施設が必要になったことが発端だった。これには城主の家族だけでなく、大きな屋敷や私有地を効率よく運営するために必要な大勢の使用人たちや、重要な人物の住居に惹きつけられて訪れる来客の変動人口も含まれていた。共同生活が必要とする組織は結果的にその空間を形式化したため、大広間の使用に関する儀式的要素が加わった。この形式化が中世後期には増加し、さらに複雑な私的宿泊施設が発達し、快適水準が向上した。それにもかかわらず、大広間は依然貴族の住居の中心であり続け、娯楽、儀式、展示の中心としてその地位を維持していた。

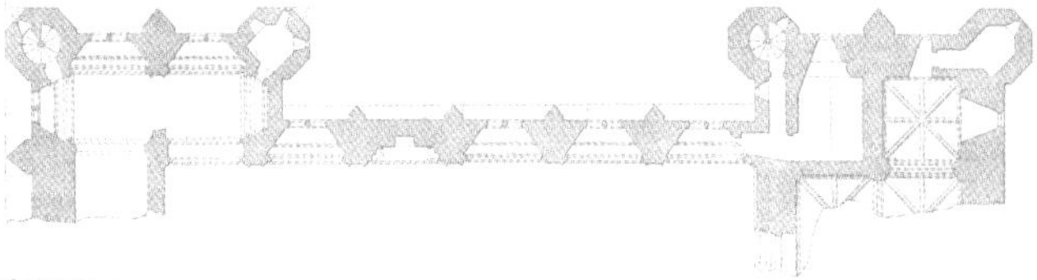

立面図：ケニルワース城（上図）

Elevation: Kenilworth Castle

当時としては珍しく、ケニルワース城の区画は外部立面図の左右対称様式に反映され、普通は内向きの住居棟に対称的な正面が設置された。広間横の部屋の一部は、広間から突出して立つ正方形の柱間または小塔内部に設置された。

ヤンワス・ホール

Yanwath Hall

カンブリア州にある主に15世紀後期のヤンワス・ホールのような小型の広間は、より豪華な他の施設ほど設備はよくなかったが、その開放的な屋根のため今なお壮麗感が残っている。狭い広間に屋根を葺く際の技術的障害はあまりなく、ヤンワス城ではアーチ形の筋交いで垂木とつなぎ小梁を固定することで解決した。

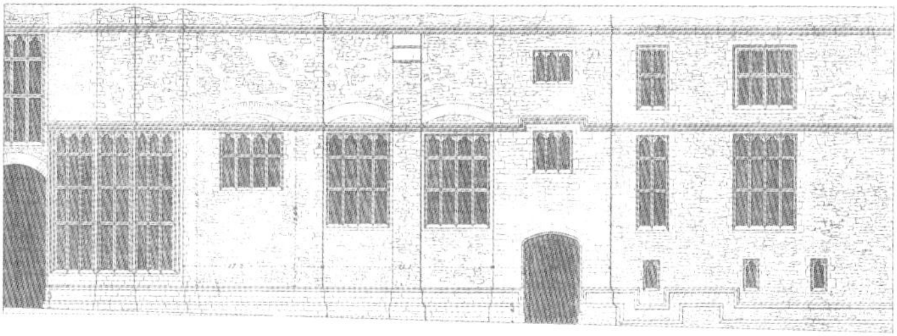

外観の描写

Exterior delineation

大型の複合施設内部にある大広間の位置はたいてい外観から明らかだった。ウェールズにあるラグラン城の大広間の範囲はここでは右手の2階建ての玄関と、左手の大きな柱間の窓から明確になり、窓は台座と主賓の食卓を照らしていた。

台所と作業室
Kitchen & Service Rooms

レイビー城
Raby Castle
時として台所は専用の塔内にあり、また少なくとも「台所塔」内の主要な部屋はたいてい2階分を占めていた。ダーラムにあるレイビー城の14世紀の台所塔には丸天井付きの地下室があり、その上の台所は屋根の真下にある丸天井に達していた。

十分な食料貯蔵室と調理場所は城内の住人たちの安住には必要不可欠で、多くの場合、重要な建物群を形成していた。この複合施設の中心には台所があり、多くは広い場所を割り当てられた立派な部屋で、大勢の使用人たちが働けるようになっていた。関連する部屋には食器室、酒蔵、食料貯蔵庫、焼き菓子室、台所、食器洗い場、ワイン貯蔵庫が含まれた。台所とそれに関連する部屋はたいてい大広間付近に配置され、通常は広間の「下手側」の端にあった。中世後期のさらに複雑な住居の中には複数の台所がある屋敷もあった。

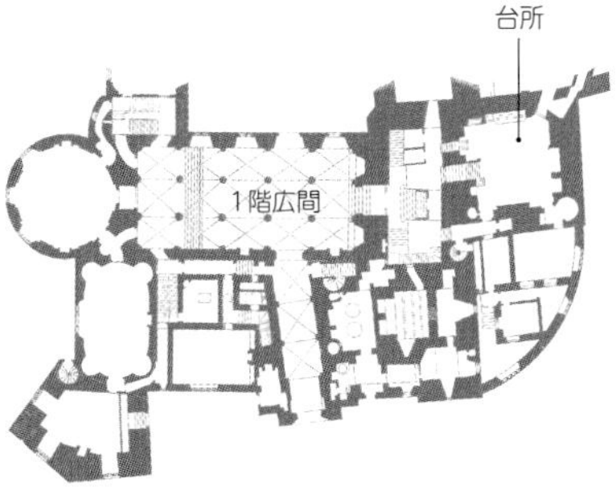

1階：レイビー城(平面図)
Ground-floor: Raby Castle
1350年頃にさかのぼるレイビー城の台所塔は約14mの正方形である。この塔は1階と2階の広間に給仕するために広間の下手側の端に建てられた。

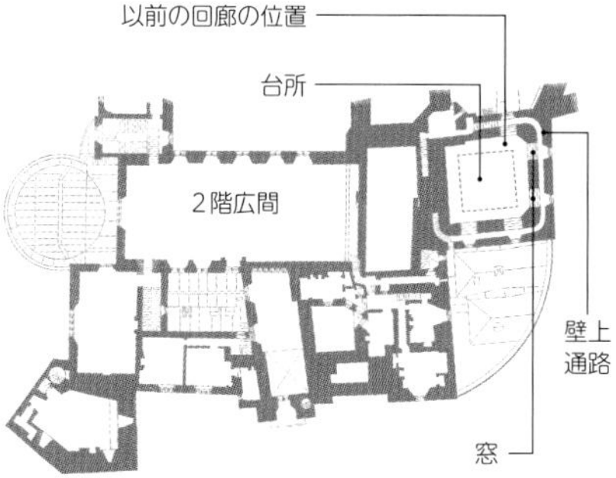

台所の回廊：レイビー城(平面図)
Kitchen gallery: Raby Castle
台所の窓は高い場所にあり、壁上通路でつながっていた。階段状の敷居は台所へ下降し、塔の周囲を巡る木造の回廊へおそらく通じていた―きっと貯蔵庫や使用人用の住居施設へ通じていたのだろう。

台所の暖炉
The kitchen fireplace
中世の台所の主な特徴は大型の暖炉だった。台所の暖炉はその巨大な大きさと数によって、部屋用の暖炉とはたいてい簡単に区別できる（多くは1つの台所に2カ所以上の暖炉があった)。

かまど
The ovens
パンや焼き菓子を焼くために必ず1つまたは複数のかまどがあった。時として大型の台所ではかまどは暖炉の1つと一体化していたが、たいていかまどは独立していて、円形で、広い口のあるドーム型構造だった。内部は火で加熱され、熊手で燃えさしを書き出してから食べ物を入れて調理した。

イントロダクション
Introduction

中世の生活では宗教は重要な役割を果たし、礼拝堂は城の不変要素の1つだった。礼拝堂が現存する場所はたいてい最も特徴のある城郭建築物の1つだが、時として礼拝堂は広間とまちがわれることもあったと述べておく必要がある。すべての城には少なくとも1つの礼拝堂があり、多くは2つ、時にはそれ以上ある場合もあった。主要な礼拝堂の多くは頑丈な自立構造の建物だった。こうした礼拝堂の中にはかつて仕えた城の消滅後も教区教会として保護されてきたものもある。

東窓と祭壇
East window and altar
他の教会と同じく、城内の礼拝堂もたいていは典礼学上の東向きに建っており、多くの場合東壁には大きなトレーサリー付きの窓が設けられた。このため時として外から礼拝堂の場所を推測できる。祭壇は東端に設置されていたはずで、時には壁の中に設置されていた。

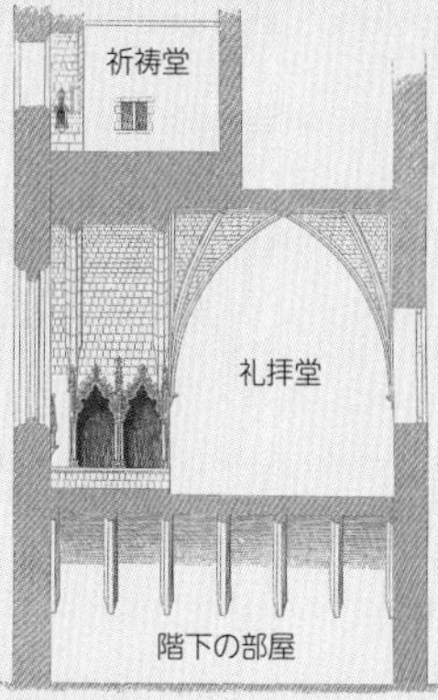

礼拝堂と祈祷堂

The chapel and oratory

主要な礼拝堂の他に、たいていは城主が使用する専用の祈祷堂があった。グロスターシアにあるビバーストン城の14世紀中期の礼拝堂と祈祷堂はいずれも主要な住居塔と一体化しているが、それぞれが別の階にある。

城主専用の信徒席

The private pew

多くの中世後期の礼拝堂には城主やその近親者、来客用に不可欠な専用の信徒席が設けられていた。これらは礼拝堂の西端の高所にあった。グロスターシアにあるバークレー城のこの例は14世紀の礼拝堂内にあり、主要回廊を構成し、そこから突出するさらに排他的な柱間を備えていた。

聖水盤

The piscina

礼拝堂の東端の南側にはほぼ必ず聖水盤―神聖な器を洗う水盤を含むアーチ形の壁がん（窪み）―があった。

司祭席

The sedilia

聖水盤はたいてい司祭を務める聖職者用の司祭席（座席）の側に設けられる。司祭席は聖水盤とは別に設けたアーチ形の壁がんで、ここでは長椅子を収容している。

楼門の礼拝堂
Gatehouse Chapel

礼拝堂に適した場所は楼門の内部またはその付近だった。入口とのこのような関係は大塔の前室内部に礼拝堂を配置するという伝統に類似した建築上の伝統である。楼門とは城の中心部の1つで、だれもが入口を通らなければならないと感じる中立地帯で、多くの場合中庭から簡単に進入できた。入口の上部または隣にある礼拝堂は災いを入城させない役割を担うと信じられていた可能性もある。

プルドー城
Prudhoe Castle
13世紀にはノーサンバーランドにあるプルドー城で改築工事が行われた。12世紀の楼門の2階で入口の上部に礼拝堂が造られた。これに対する外見上の手掛かりは2階の東方向（右手）に重点をおいていることで、そこでは柱間の窓が建物から突出している。

アプス（後陣）：プルドー城

The apse: Prudhoe Castle

建物の東端に不規則な半多角形のアプスを増築して聖壇が造られ、尖頭窓が穿たれて幕壁上で支えられた。事実上これは張り出し窓で、14世紀後期以降にようやく真価を認められた形状である。

聖壇：プルドー城

The sanctuary: Prudhoe Castle

中に入れば、それは目的の役割を表す部屋の単なる東端である。内陣アーチを象徴する広い尖頭アーチ形が聖壇を際立たせ、アーチ形をした南側壁内部の聖水盤によって礼拝堂であることがはっきりと確認される。

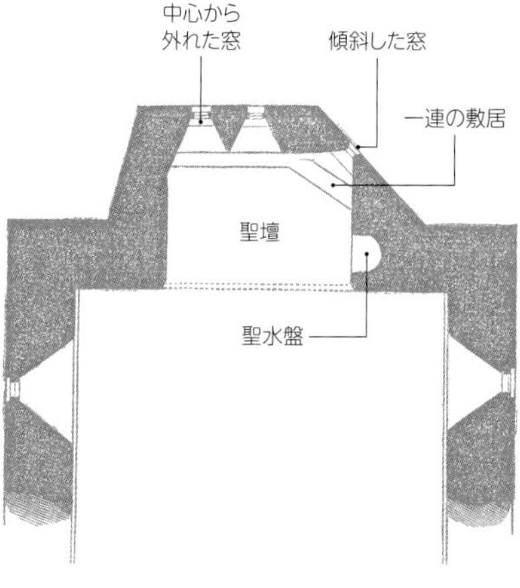

聖壇：プルドー城（平面図）

Sanctuary: Prudhoe Castle

この平面図から聖壇の設計が一風変わっていることがわかる。その特徴は不規則に傾斜していることで、東窓は内側で中心から外れていて、南東に傾斜した窓がある。このように変則的な理由は完全にはわからないが、設計が変更された結果のようだ。窓下の一連の敷居は神聖な器やその他の道具の収納場所となっていたようだ。

大塔の礼拝堂
Great Tower Chapel

大塔がある場所では、城主専用の祈祷堂が設置されたのは、多くの場合、君主の権力を最も象徴する建物内のこの場所だった。大型でさらに複雑な塔では、適度な規模の儀式を行える本格的な礼拝堂があったはずで、時には城主の私的な礼拝も行われた。そして、大塔内の礼拝堂の建築範囲はかなり広いが、大部分は通常行われた礼拝から特定できる。

ホワイトタワー（ロンドン塔）
The White Tower (Tower of London)
最古の大塔の礼拝堂の1つは、ロンドン塔内のホワイトタワーにある11世紀のセント・ジョン・チャペルである。この礼拝堂の特徴は11世紀の大教会建築に由来する。通路のある建物で、通路は周歩廊の東端周辺へ続くため、大聖堂の東側翼廊に似ている。

コニスボロー城

Conisbrough Castle

サウスヨークシャーにあるコニスボロー城では、12世紀後期の大塔の礼拝堂には4階にある城主の私室からのみ入ることができた。美しく装飾を施した室内は主塔内の質素で世俗的な他の部屋とは対照的である。

祭壇：ワークワース城

The sanctuary: Warkworth Castle

一部の礼拝堂は明らかに統合型だった。ノーサンバーランドにあるワークワース城のドンジョンでは、飾台(祭壇の上部部分)と大きな東窓で聖壇を際立たせている。身廊の上の階では西側に城主専用の信徒席を設けていた。

聖具室：ワークワース城

The sacristy: Warkworth Castle

ワークワース城のその他の際立った特徴は司祭席（聖職者席）と聖水盤である。窓の朝顔口は聖具室—聖職者が使用する礼拝堂付属の部屋—に通じ、そこには祭服や神聖な器が保管されていたはずである。壁の二重窓（スキント）によって聖具室にいる人は祭壇を見ることができた。

カレッジの創設
College Foundation

セント・ジョージ礼拝堂
St George's Chapel
イングランドにある全ての聖堂参事会教会の最高峰はセント・ジョージ礼拝堂で、1348年にエドワードⅢ世によってウィンザー城内で設立されたガーター勲章の精神的本拠地である。この礼拝堂は15世紀後期にエドワードⅣ世によって再建され、カレッジの建物と連結してロアー・ウォード（下郭）の大部分を占めている。

中世後期には、城の周辺で城に付属する聖職者集団と一緒に教会を建築することが貴族の間で流行した。こうした聖職者たちの主な職務は後援者たちのためにミサ曲を歌うことだった。これらの「礼拝所」の最も有名な例は、ウィンザー城の側にあるヘンリーⅥ世のイートン・カレッジだが、他にも多数ある。中には礼拝所が城の敷地内に拠点をおき、城内の礼拝堂の中心となる場合もあった。これはノースヨークシャーにあるボルトン城で、６人の聖職者たちの礼拝堂建築許可は1393年に認可された。

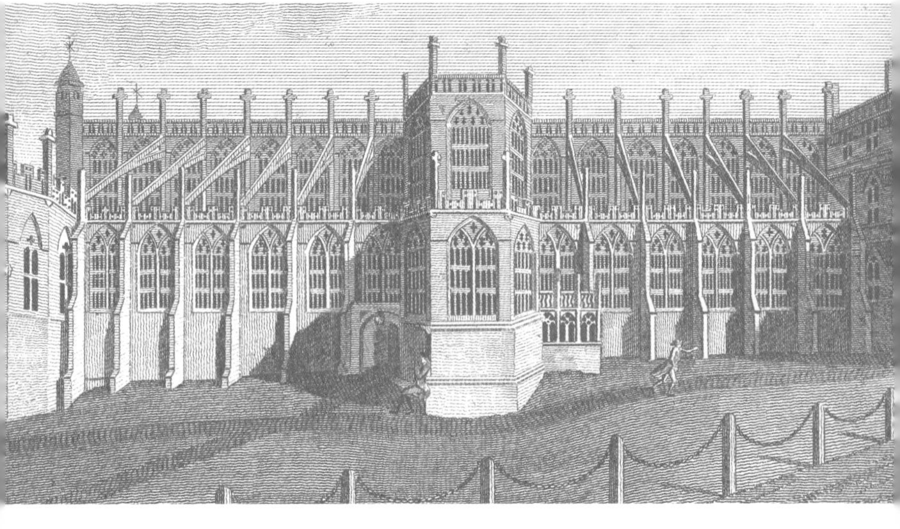

ワークワース城(平面図)
Warkworth Castle
城壁内にある最も意欲的な聖堂参事会教会の1つは、もしも完成していれば、ノーサンバーランドにあるワークワース城の教会だっただろう。十字型教会となるように、中庭を横切って伸び、ドンジョンの正面に小さな内郭を作りだすように設計された。

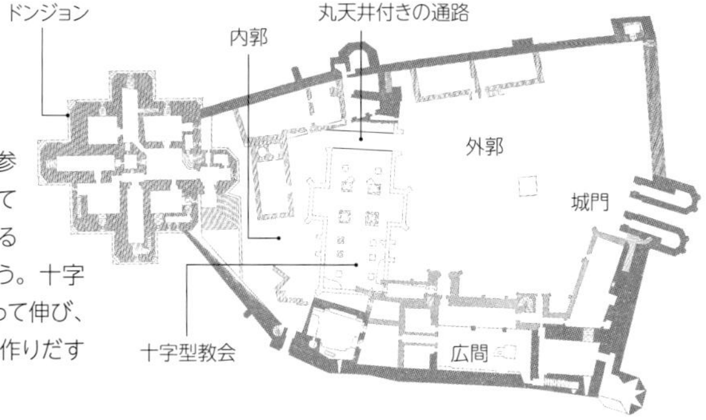

主塔 : ワークワース城
Keep: Warkworth Castle
ワークワース城の構想は決して完全には実行されなかったが、完成した礎石は2カ所の丸天井付きの聖堂地下室と、外郭とドンジョンの基部にある小さな内郭をつなぐ広い通路を具体的に表していた。

礼拝堂の礎石 : ワークワース城
Chapel bases: Warkworth Castle
作業は柱礎の完成まで進み、それには四つ葉形の拱廊の礎石や、中央塔の重量を支えるように設計されたさらに頑丈な十字形の礎石もあった。作業が完成していれば、教会建築にとって新たな重要建築物となっていたことだろう。

イントロダクション

Introduction

城はしばしば投獄と関係がある。城は頑丈な建物であるため、監禁には適した場所であり、時には囚人を収容するために使用された。戦場で捕虜になった後に受け渡しを待つ場合や、政治犯の裁判を待つ場合、または新政権に潜在的脅威を与えるという理由から失脚した国王など、王族や貴族の囚人が多数城内に拘束された。また城主は独房を犯罪容疑者や、使用人たちの見せしめ、または敵を監禁するために有効だと考えていたのかもしれない。

ドンジョン
The donjon
大塔は権力の象徴だったが、迫害とも関連していたにちがいない。英語の「ダンジョン（地下牢）」はフランス語の「ドンジョン」に由来する。ドンジョン内部に牢獄がある事例が確かにあり、ダンジョンという言葉が暗示するように、城内の牢獄は必ず地下にあった。

ロンドン塔
Tower of London

イングランドでは、投獄と最も関係の深い城はロンドン塔で、12世紀初期以降、王族や貴族の囚人を収容するために使用された。そこは上流階級の住人に相応しい住居を提供できる権力の中枢に近い頑丈な場所だった。

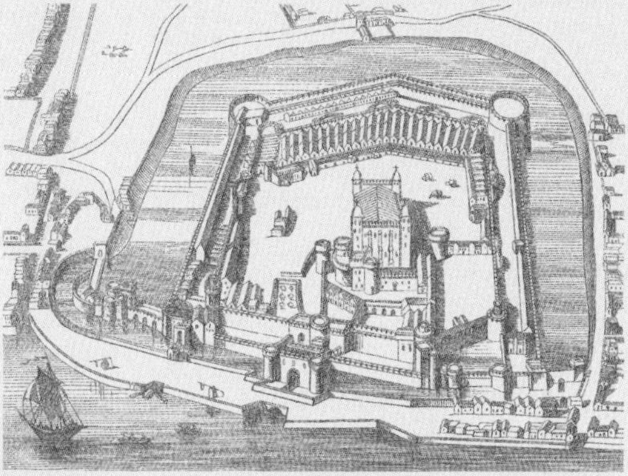

デュルンシュタイン城
Dürnstein Castle

オーストリアのドナウ川を見下ろす岩の上にそびえるデュルンシュタイン城はオーストリア公レオポルトの城だった。イングランド国王リチャードI世が第3回十字軍から戻る途中で捕虜となり、最初に幽閉されたのはこの城だった。彼は後にドイツ南西部にあるトリフェルス城へ移送された。

ポンテフラクト城
Pontefract Castle

イングランド内戦中に破壊されたウェストヨークシャーにあるポンテフラクト城はイングランド北部の大型の城の1つだった。14世紀後期まではランカスター公領の一部だった。しかしリチャードⅡ世が退位後に移送された牢獄として、また1400年頃に謎に包まれた状況で死亡した場所として有名である。

牢 獄 *Prisons*

大部分の城には十中八九は少なくとも1カ所は造りつけの牢獄があり、中には明らかに複数の牢獄がある城もあった。確認されている牢獄はたいてい地下室を占有し、快適さとは無縁の地下独房として城内の地下牢の一般的概念に信ぴょう性を与えている。見るからに独房だとわかる部屋は丸天井や天井の落とし穴からしか入れない。この種の部屋は時として宝物を保管するのに安全な階と解釈されることもあり、独房と判断する決め手となるのは便所設備の有無である。

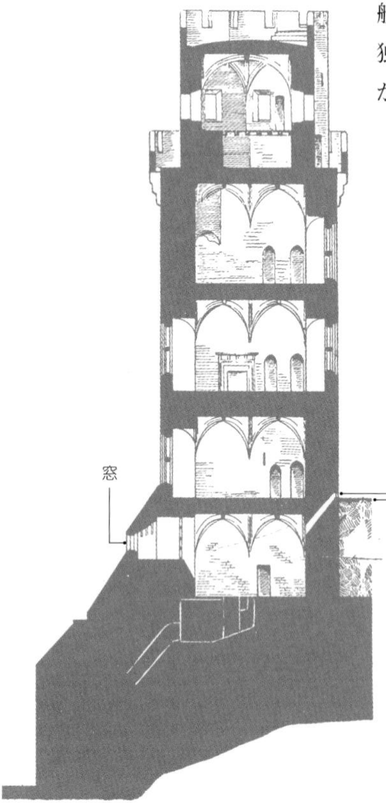

シーザーの塔
Caesar's Tower
ウォリックシアにあるウォリック城では、14世紀中期のシーザーの塔の地下に明らかな牢獄の独房が見受けられる。この丸天井付きの部屋は中庭の高さよりも下にあり、片側に通気孔と、反対側の壁上に高くに設置された窓が1つずつある。その他の唯一快適な設備は壁上の便所だった。

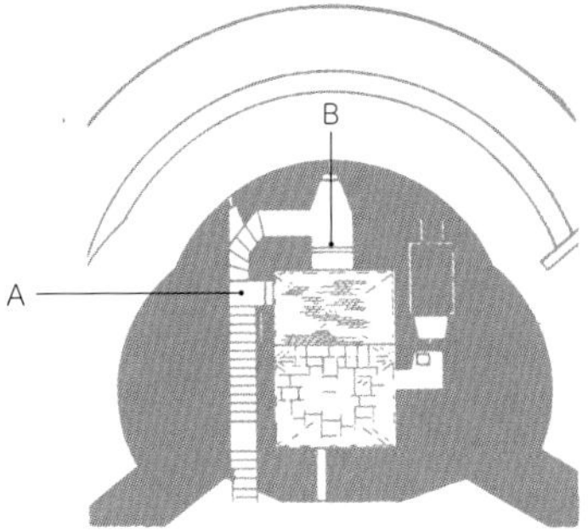

シーザーの塔（平面図）

Caesar's Tower

階段は独房の入口のある広間へと降下していた（A）。しかしもう１つの壁上階段が広間から、独房を見下ろす窓の朝顔口へと通じていた（B）。鉄格子で防御され、看守は入室しなくても独房を監視下に置くことができたのだろう。

上階の独房 ： ピエールフォン城（平面図）

Upper cells: Château de Pierrefonds

パリ近郊のピエールフォン城では、８基の城壁塔の４基は下層階に２階式の牢獄を収容している。いずれの場合も、上階の独房は２つの扉で閉鎖された通路（B）を通って螺旋階段（A）の基部から接近できる。部屋自体には２カ所の穴（C）から明かりが差しこみ、便所（D）が設置されている。

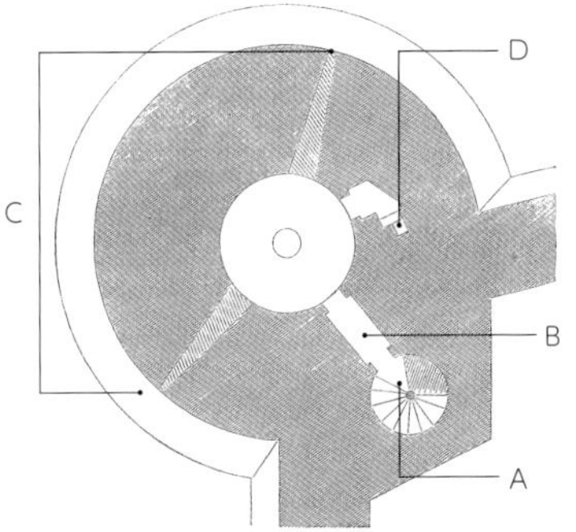

下階の独房 ： ピエールフォン城

Lower cells: Château de Pierrefonds

上階の独房の床にある１カ所の開口部は下階の独房への唯一の入口だった。これは明かりも通気もないドーム形の空間だったが、便所は設けられていた。19世紀に行われた修復作業中に、こうした独房の１つの便所の窪みから女性の骸骨が発見された。

イントロダクション
Introduction

戸口は城全体の解釈に関わる数多くの小さな特徴の1つである。他の建築上の細部と同じく、戸口は変わりゆく流行に影響を受け、一連の形状は有効な時代考証の根拠となっている。1つの建築物内にある当時の開口部間の様式の相違が立場や機能をも解き明かす場合もある。開口部が顕著になればなるほど、それが通じる部屋がより重要になり、13世紀以降は多くの大塔へ通じる入口はポーチで強調された。

ポーチ
The porch
ポーチには実用的な目的があった。入口からの隙間風を防ぎ、嘆願者が城主やその家来のいる場所へ案内される前の待合場所となった。さらに建築学的機能も備え、城の主要な住居用建物を際立たせた。

中世の影響

A medieval impression

この手書き絵画にはポーチに加えられた可能性のある程度の重要性が見受けられ、その先に続く広間ではなくむしろポーチが強調されている。

建築学上のポーチ

The architectural porch

ポーチは主要な住居棟へ通じる明確な建築上の入口という役割を果たすために用いられる場合もあった。1480年頃に建てられたノーサンバーランドにあるワークワース城の大広間へ通じるポーチは3階の高さに達し、入口上部の彫刻を施した紋章の配列を支えている。

朝顔口

The embrasure

分厚い城壁は、戸口、特に外側の戸口が、多くは深い凹部や朝顔口の内部に設置されることを意味していた。後方のアーチ形（朝顔口上部）はたいてい扉よりも高所に設置され、戸口自体の輪郭には必ずしも沿っていない。

中世初期の戸口
Early Medieval Doorways

11世~12世紀全般、そして13世紀にかけて半円アーチ形の戸口が使用された。しかし12世紀後期にはゴシック様式建築が影響力を示し、新しい形状がさらに将来を見すえた建築物に現れ始めていた。これらの新しい形状では例えば、美意識がより重要だと見なされた高級住居棟の上流階級用の玄関口として二中心尖頭アーチが最も広く使用された。その他の13世紀の様式には弓形アーチ形や弓形尖頭アーチ形、カーナーヴォンアーチ形が含まれる。

半円アーチ形
The semi-circular arch
11世紀~12世紀に最も普及した戸口の形は半円アーチ形の入口だった。ラトランドにあるオーカム城の大広間へ入るこの入口は後期の例で、12世紀末にさかのぼる。その非常に装飾的な特徴から、この戸口が重要な部屋へ通じることを示している。

二中心アーチ形

The two-centred arch

二中心尖頭アーチ形の戸口は、12世紀後期以降に城に導入され、13世紀～14世紀全般、そして15世紀にかけて主要な様式の1つだった。

カーナーヴォンアーチ形

The Caernarvon arch

カーナーヴォンアーチ形も13世紀～14世紀の城でよく用いられた。実はアーチ形というよりもむしろ凹型の持ち送りで支持されたまぐさ石で、開口部周辺に一連の面取り面を備えている。

弓形尖頭アーチ形の戸口

The segmental-pointed doorway

13世紀～14世紀に広く用いられた一様式は弓形尖頭アーチ形の戸口だった。このアーチ形の特徴は弓形が始まる中央位置によってかなり変化する恐れがある。1220年代のこの例では外側のアーチ形は内側のアーチ形よりも先が尖っている。

中世後期の戸口
Late Medieval Doorways

13世紀に人気のあった戸口の数種類は14世紀にも引き続き用いられた。その1つがカーナーヴォンアーチ形だったが、14世紀末には使用頻度はまれで狭い用途に限定された。尖頭アーチ形は14世紀全般にわたって人気があり、15世紀中にも多く用いられた。弓形アーチ形や弓形尖頭アーチ形も14世紀の建物に見受けられる。四中心アーチ形はおそらく弓形尖頭アーチ形の発展形だったのだろう。この新様式は中世後期には一般的になっていった。

半円アーチ形
The semi-circular arch
大部分の半円アーチ形の戸口は11世紀～12世紀にさかのぼるが、その形は後の文中で時々登場する。カンブリアにあるヤンワス・ホールの要塞化したマナーハウスへ通じるこの入口はおそらく15世紀中期～後期にさかのぼる。開口部周辺の連続成形は中世後期の作品だという証拠である。

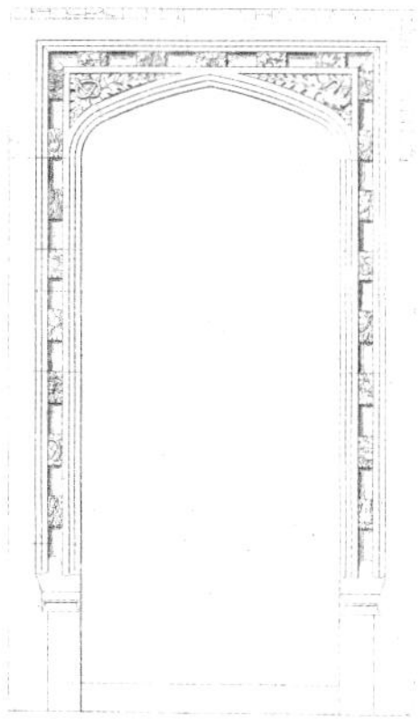

四中心アーチ形
The four-centred arch

四中心アーチ形（4つの中心からコンパスで描く設計のためにこの名がついた）は14世紀後期以降の城に用いられた。ノーサンバーランドにあるバイウェル城のこの戸口は1420年頃にさかのぼる。アーチ形は2個の石で構成され、開口部には連続中空成形がある。

四中心の戸口
The four-centred doorway

四中心の戸口は15世紀全般と16世紀に入っても人気があった。グロスターシアにあるソーンベリー城の1520年代に修復されたこの例には、彫刻を施したスパンドレル（三角小間）と、成形アーチ形と雨押さえ繰形が始まる2種類の側軸が備わっている。

チューダーアーチ形
The Tudor arch

四中心アーチ形には鋭く先端が尖ったものからほぼ平坦なチューダーアーチ形まで様々な形状が存在する。ソーンベリー城にあるこのチューダーアーチ形の戸口は、内側の円弧に対してごくわずかに湾曲している。また長方形の成形物で縁取られた連続成形周辺部を備える軸付きの戸口とも異なる。

イントロダクション
Introduction

当時の教会の窓の扱いと比較すると、城の窓は必ずしも重要な建築要素とは考えられていない。最も露出の多い窓は防衛上の理由から小型で質素で間隔をあけて配置されていたにちがいないが、その一方で射界のない窓はより豪華に扱われる場合もあり、城は要塞であり住居だったため、豪華な窓もしばしばあった。また設計上の優劣があり、これによって部屋の役割がわかり、その城の使用状況を解明する上で役に立つ。

窓の優劣
Window hierarchies
部屋と部屋の関係は、時には外観の手がかりから読み解くことができる。これら2つの高品質で特徴のよく似た窓は、高貴な人物用の隣接する二部屋であることを表している。大型の窓は広間で、小型の窓は広間とは独立した私室であることを表す。

クラック・デ・シュヴァリエ
Krak des Chevaliers

シリアにあるクラック・デ・シュヴァリエの窓の相当な大きさ、装飾的な特徴、規則的な配列から、大広間や礼拝堂などの１つの大きな部屋であることがわかる。しかし非常に低い敷居の位置は珍しく、実際にはそれらの窓は「騎士団の広間」正面にあるロジア（柱廊）を照らしている。

エイドン城
Aydon Castle

安全面を考えると、多くの城の窓には鉄格子がはまっていたことがわかった。しかしノーサンバーランドにあるエイドン城のこの窓の外周周辺にある貫通孔の模様は以前の配置を示し、現在の鉄格子が当初のものではないことを表している。

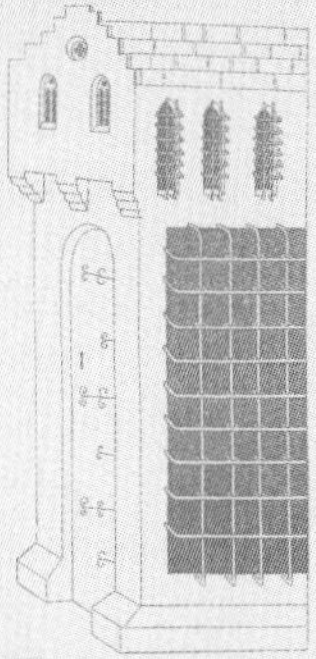

防御用鉄格子
Security bars

この手書き絵画はおそらくエイドン城に最初にあった鉄格子の種類を描いている。仰角を越えて突出するように、一連の格子が窓枠の表面内に固定されていた。

内側の鎧戸
The internal shutter

大型の窓にはたいてい内側に木製の鎧戸が設置されており、窓枠内部に切り込まれた相欠きはぎ内に取り付けられていた。一部の窓は、閉鎖時に鎧戸を施錠するために鎧戸に取り付けられた鉄製のかんぬきを収容する石枠を備えて作られていた。

中世初期の窓

Early Medieval Windows

11世紀~12世紀にヨーロッパでロマネスク建築様式が流行すると、窓は一般に半円アーチ形（古代ローマ様式のアーチ形の特徴にちなんだ）の下に設置され、大きさはかなり制限されていた。明らかに軍事的特徴のある城では、警備を維持できるように、低所の開口部はたいていが狭い射眼である。しかしさらに装飾的特性のある大型の窓は上層階で使用される場合が多かった。より幅の広い窓の例には小型円柱や成形物、一対の明かり取りなど建築上の装飾がたいてい施されている。

コンタル城
Château Comtal
フランス、カルカソンヌのコンタル城にあるこの11世紀の例では、一対の明かり取りのある窓のアーチ形が一枚岩のまぐさ石を加工して作られている。中央の小型円柱は支柱となる上に装飾的である。内側にある一対の木製の鎧戸は朝顔口の脇柱に設置された鉄製の軸棒に吊り下げられていた。

ファレーズ城

Château de Falaise

フランスのノルマンディーにあるファレーズ城では、1120年代のドンジョンの上層階に、小型円柱で分割された一対の明かり取りのある窓が設けられている。窓は外壁面と同一平面である。アーチ形自体はカルカソンヌにあるさらに古い例よりも技術的にはるかに精巧な作業で作られた迫石で建築されている。

リルボンヌ城

Lillebonne Castle

12世紀の窓建築のさらに複雑な形はフランス、ノルマンディーにあるリルボンヌ城で用いられた。ここでは上部の半円隠しアーチ形の平坦なまぐさ石の下に、窪んだ一対の明かり取りが設置されていた。建物の外表面と同一平面で、一組の小型円柱から始まる外側のアーチ形は窓の朝顔口上のボールトに相当する。

オーカム城

Oakham Castle

12世紀後期以降、ラトランドのオーカム城の大広間にあるこれらの窓ように尖頭アーチ形の窓が普及し始めた。1180年～1190年ごろにさかのぼる一対の窓の横には小型円柱が立ち、帯状の犬歯型成形物の中には葉を様式化した柱頭が設置されている。二重ロール成形で輪郭を示したアーチ形には葉の彫刻で装飾したティンパヌム（アーチ下の空間）がある。

中世中期の窓

Mid-Medieval Windows

ランセット

The lancet

簡素な尖頭窓はランセットとして知られている。ランセットを集合体で配置することは13世紀前半に流行した。ハンプシャーにあるウィンチェスター城の大広間の西窓は1222年〜1235年にさかのぼり、平凡な雨押さえ繰形の下で高さが異なる3つの窓が簡素だが効果的に組み合わされている。

13世紀初期には半円アーチ形に代わって尖頭アーチ形がほぼ全体的に用いられていた。それらは単独でまたは複数で見受けられることもある。高級な住居棟では、特に大広間や時には大型の個室や礼拝堂で、13世紀〜14世紀の尖頭窓が大型化してトレーサリーで装飾される場合もあり、時代が進むにつれて複雑に発達したことが特徴である。これらは高価な部材である場合もあり、あまり重要ではない部屋では簡素な長方形の窓が見られる場合が多い。

外観

内側

幾何学的トレーサリー

Geometric tracery

1250年頃にプレートトレーサリーがバートレーサリーに移行し、構造的に発展した結果、さらに精巧な特徴のある装飾的模様が生まれた。初期のバートレーサリーが単純な幾何学模様を生み出し、それによって「幾何学的」という呼称がつけられている。幾何学的トレーサリーは1300年頃までは依然として人気があった。これはシュロップシアにあるストークセイ城の1280年頃の大広間の窓の1つである。

プレートトレーサリー

Plate tracery

13世紀初期以降、一組または複数の明かり取りのある窓が単一の雨押さえ繰形の下に配置され、雨押さえ繰形と窓のアーチ形（スパンドレル）の間の部分には幾何学的な開口部が設けられていた。これはプレートトレーサリーとして有名で、1220年〜1250年頃に流行した。

頂部に五弁飾りのある窓

Cinquefoil-headed lights

同じく1280年頃の幾何学的トレーサリーのさらに洗練された例は、シュロップシアにあるアクトン・バーネル城で見られる。低層階の窓の五弁飾りのついた頂部は後に14世紀の城の窓で流行する特徴となった。

中世後期の窓
Late Medieval Windows

14世紀～15世紀にはより重要な部屋―大広間、礼拝堂、主要住居棟―の窓には以前にもまして精巧なトレーサリーが用いられた。1300年頃からは、より複雑な曲線のトレーサリーデザインが13世紀の幾何学模様の後に続いた。14世紀中期以降は垂直または直線様式がこれらの後に次々に続いた。しかし、当時は簡素さがなおも見受けられた時期でもあり、多数の大広間の窓は、実際は比較的飾り気がないのが特徴である。

ランセット
The lancet
ランセット窓は、教会建築に用いられた大部分は13世紀初期の様式で、14世紀に入って城に用いられた理由は、おそらく比較的飾り気がなく安価だったからだろう。ノーサンバーランドにあるエイドン城では13世紀後期と14世紀初期の両時期に登場する。

五弁飾りの頂部

The cinquefoil head

一般に中世後期の城の窓は当時の教会の窓よりも簡素なデザインで建築された。ノースヨークシャーにあるボルトン城では、1377年～1395年頃の礼拝堂と大広間の窓は、五弁飾りのアーチ形付きの、一本の無目のある窓のありふれたデザインで作られていた。

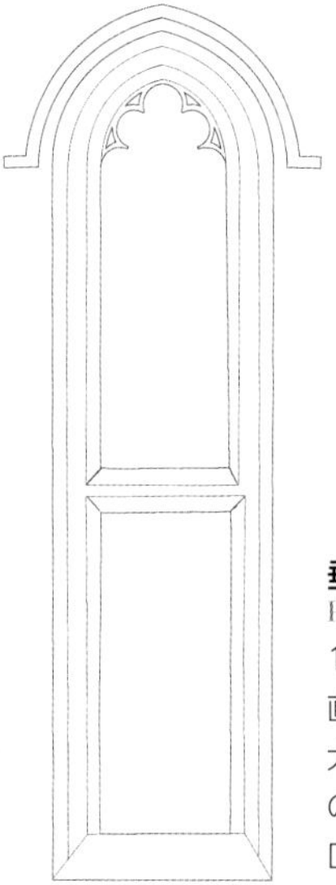

垂直トレーサリー

Perpendicular tracery

14世紀後期以降は、時には四中心アーチ形と垂直トレーサリーが使用された。ケニルワース城の大広間の窓にはその両方が採用された。これらの非常に装飾的な窓は成形物で縁どられて、朝顔口周辺のブラインドトレーサリーが特徴である。

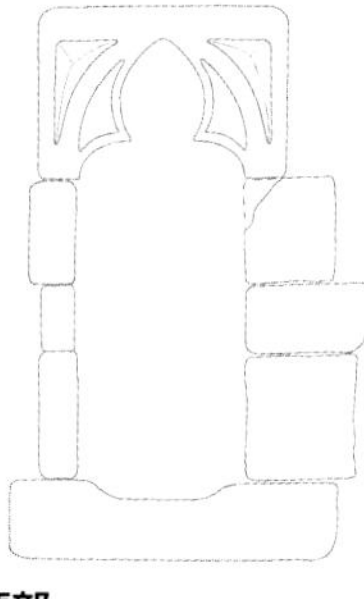

三弁飾りの頂部

The trefoil head

14世紀に小型の開口部用として非常に流行した別の種類は頂部が三弁飾りの窓だった。長方形の枠組み、三弁飾りの頂部、窪んだスパンドレルの一般的な概念は広く用いられたが、個々の細部は場所によって異なる傾向にある。

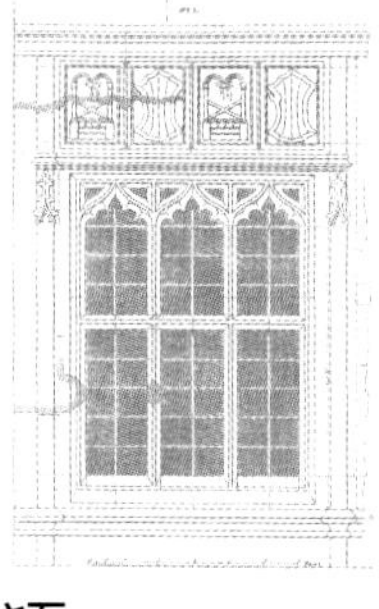

平らなまぐさ石

The flat lintel

平らなまぐさ石のある窓は12世紀以降にあまり重要でない部屋で用いられたが、平らなまぐさ石を備えた中方立てと無目のある窓は、1460年代以降の上の例のように中世後期の遺物である。

朝顔口 *Embrasures*

城壁が分厚くなる傾向にあったため、窓は一般に深い壁がんや朝顔口内部に構成された。窓自体には通常採光を最大限にするように設計された斜めの脇柱があり、安全面の理由から、多くの城の窓がかなり狭くなる恐れがある場合には重要な配慮があった。窓の壁がんは、鎧戸の開閉や窓の保守管理作業が容易にできるように、多くの場合、床の高さまで下るか接近していたが、新鮮な空気や明かりを取り入れて景色を楽しめるようにもなっていた。

奥まった場所

The nook

周囲が囲まれていて明かりがあるため、城の窓の朝顔口は、本を読む、字を書く、針仕事をする、または単に会話を楽しむにはうってつけの、隙間風のない、適度にプライバシーが保たれる居心地のいい奥まった場所となった。このような使い方を示すのは窓と一体型の石造椅子の設備である。

丸天井

Vaulting

窓の朝顔口の一部には丸天井が付いていた。このように処理することでさらに大きな頭上空間が生まれ、窓の照明品質を向上させる意図があったのだろう。ここでは朝顔口の脇柱は平行であり、丸天井の建設が簡単だったにちがいない。

階段状の敷居

The stepped sill

フランスのピカルディーにあるクーシー城のこの13世紀の例のように、窓に近づきやすくするために朝顔口の内部に階段状の敷居が時おり使用された。敷居は横向きのベンチ代わりに椅子として使用することもできた。

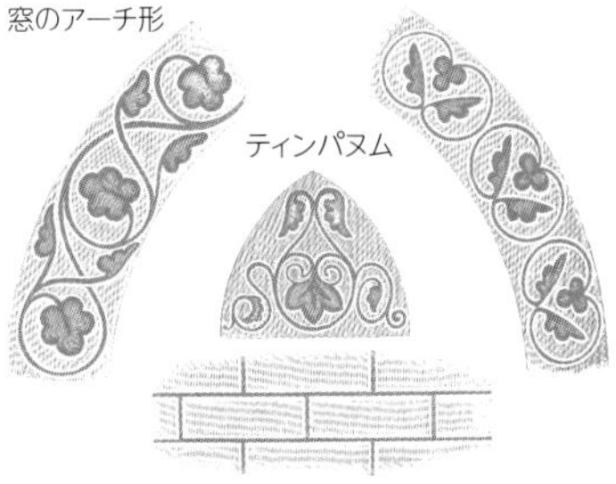

色鮮やかな装飾

Painted decoration

クーシー城の窓には色鮮やかな装飾が施されることでさらに価値が高まった。石壁には漆喰を塗って切石に似せた絵が描かれ、一方で窓上のアーチ形とティンパヌムには垂れ下がる葉の絵が描かれた。いずれも13世紀には人気のある形だった。

射眼 *Arrow Loops*

城の防衛側の人間が出撃しなくても包囲してくる敵を襲撃する主要手段の1つが、弓または石弓の矢による隊列縦射だった。幕壁の胸壁は初期の城では主要配置地点としての役割を果たしただろうが、ここにいる弓の射手は敵からの報復には無防備だった。城の建材内部に射眼を設けたのは、弓や石弓の射手たちに攻撃を指揮できる比較的安全な持ち場を与えるためだった。

壁がん
The niche
射手の作戦基地は射眼後方にある壁がんで、作戦を実行する空間を備えた頑丈な凹部であり、射手は射眼の朝顔口に接近できた。多くの窓の朝顔口と同じく、これらの空間には時おり石造の長椅子が設置されていた。

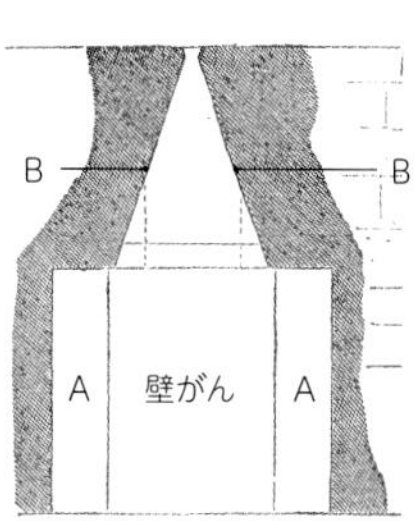

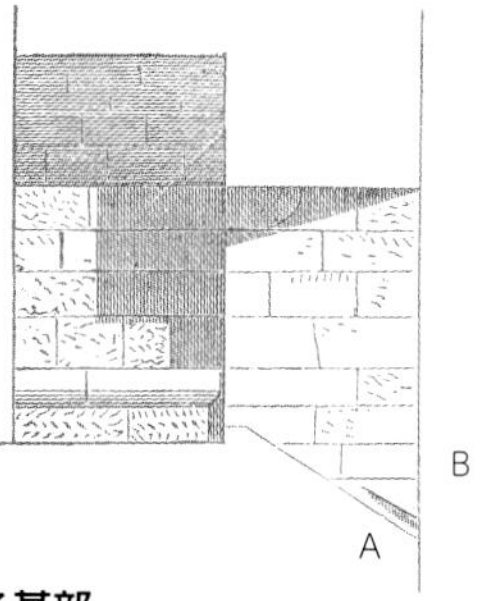

斜めの朝顔口

The splayed embrasure

壁がんのおかげで外壁にある射眼の全長を防御できるようになった。壁がん（A）の直線の側面に対して射眼の朝顔口自体は傾斜し（B)、それによって射手はより大きな射界が得られた。

傾斜する基部

The sloping base

射眼の側面が傾斜していたように、基部の斜面(A)も外壁(B)方向へ下降傾斜していた。ここでもまた射手を補助する目的で設計されており、この場合は射手が城の基部方向へ下方照準を合わせられるようになっていた。

壁がんのない朝顔口

The nicheless embrasure

壁厚が比較的薄い城では、射手が壁がんのない朝顔口に十分に接近できるために壁がんは不要だった。壁の薄い建物（A）の射眼の朝顔口を通るこの部分は、壁がんが明らかに必要な壁の分厚い建物の射眼と比べて、その扱いやすい長さが際立っている。朝顔口の敷居(B)のかなり急勾配の傾斜から、状況に応じて設計が変化したことがわかる。

射眼 *Arrow Loops*

交互に並ぶ射眼の列
Alternating tiers

射眼は12世紀後期までは体系的に配置されていた。シリアの海岸にあるトルトーザのテンプル騎士団の城では、幕壁の上部に2列の簡素な長方形の射眼が設けられていた。下列の射眼は最大限の射界を得るために上列の射眼とは交互に並んでいた。

突き詰めると、射眼は射手が身を隠したまま城外へ射撃できる細い長方形の溝である。おそらく多くの射眼は、射手が敵から見えなければ、安全に石弓を配備して入念に装填できると考えて設けられたのだろう。12世紀以降の城で使用された中で、射眼が最も数多く使用された時期はおそらく13世紀だっただろう。しかし射眼は15世紀に入ってからも引き続き城の特徴であり続けた。

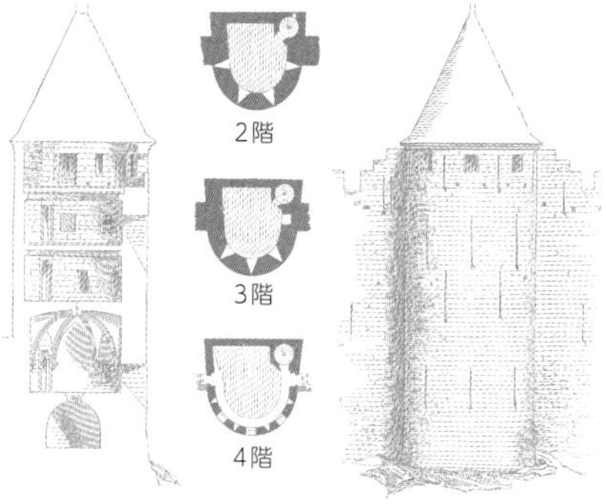

塔内の射眼

The arrow loops in towers

射眼の整然とした配列は広い射界を得る目的で城壁塔の設計にも組み込まれていた。ここではトルトーザ城に見られるのとよく似た交互の配列で4列の射眼が設けられている。

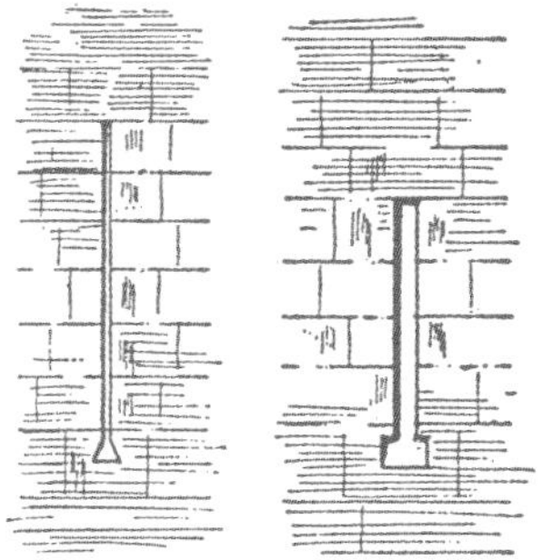

広めの基部

The splayed foot

この当時全般に簡素な射眼が用いられていたが、設計における初期の改革は広めの基部で、壁の基部方向に発射する際に射手の横方向の視界を広げるために導入された。これらの多くは三角形または四角形だった。

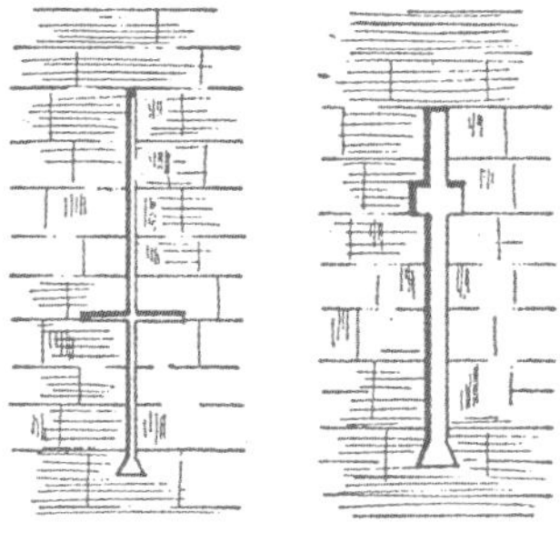

十字形の溝

The cross slit

簡素な射眼のもう1つの進化形は、おそらく13世紀初期以降に導入された水平十字形の溝だった。これもまた横方向への射界を改善し、特に石弓の射手の必要性を考慮して設計されていたようだ。

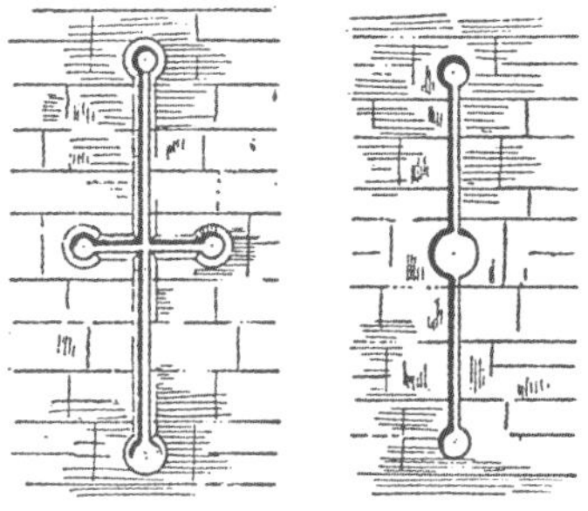

矢狭間（オイレット）

The oillet

矢狭間の特徴もまた流行に影響された。オイレット（フランス語で目を表す「ウーィユ」に由来）として知られる丸い開口部は14世紀初期に矢狭間の末端として使用された。視野を広げるという実用的な目的があったのだろうが、装飾用でもあった。

銃眼 *Gun Ports*

銃眼は14世紀後期以降に一時的な流行でイングランドの城に導入されており、おそらく南部の海岸沿いのフランス軍の攻撃と侵略の脅威に対応していた。銃眼の一般的な導入はフランスではさらに遅れたが、15世紀には増加して、城内の身近な防衛設備となった。中世後期の銃眼はすべて大砲用というよりも小型銃用だったようだ。射眼ほど整然とは配置されなかったが、特定の場所に集中していた。

オイレット
The oillet
銃眼にとって重要な場所は城門で、側塔内部や城門自体の上部にあった。この例では両方の場所に銃眼が設置されていて、銃眼は円形オイレットの形をしており、おそらく銃眼の最古の形だろう。

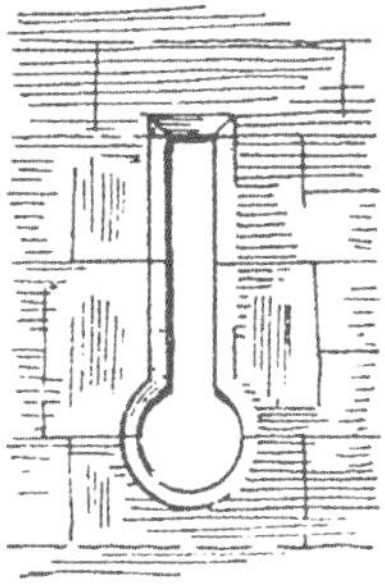

逆さまの鍵穴型

The inverted keyhole

イングランドにある多数の初期の銃眼は逆さまの鍵穴型で、銃用の円形オイレットとその上に長い照準溝がある。この形はサセックスにあるボディアム城の主要な楼門の双子塔と、当時のその他の要塞で1385年頃に採用された。

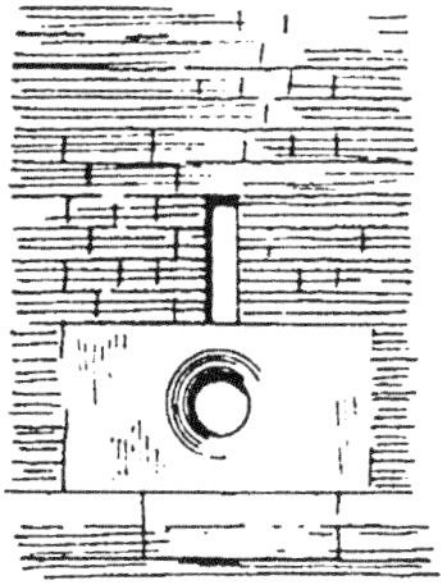

独立型照準溝

The detached sighting slit

レスターシャーにあるカービー・マックスロー城では少し違う形の鍵穴型の設計も1480年頃に出現している。当時の他の例にあるように、ここでは照準溝はオイレットから独立していた。オイレットは1個の石から削ったもので、溝は周囲の煉瓦細工の一部である。

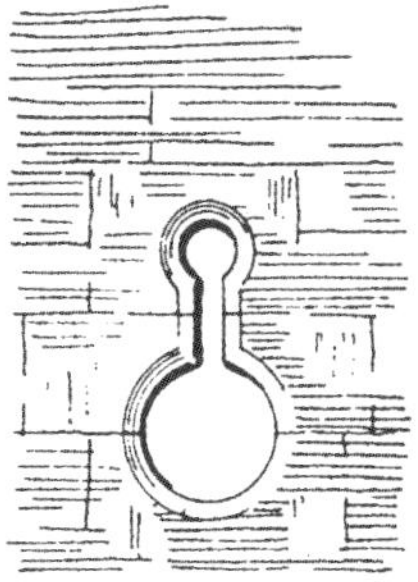

ダンベル型

The dumbbell

ダンベル型の銃眼には照準眼の頂部に第2のオイレットがあり、フランスのノルマンディーにあるファレーズ城からのこの15世紀の例にあるように、下側のオイレットと同じ大きさか、またはかなり小さかった。

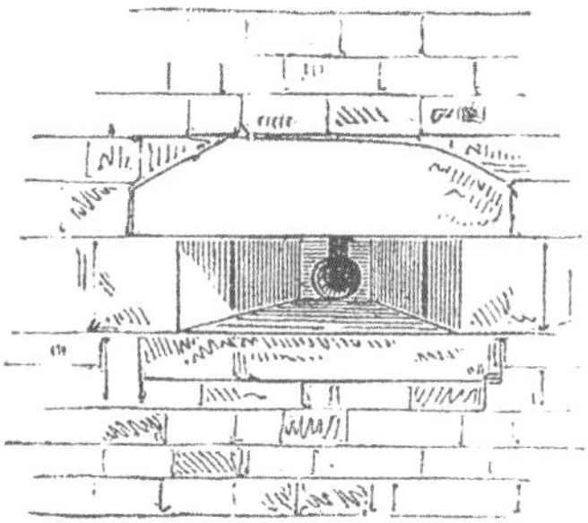

傾斜した朝顔口

The splayed embrasure

大部分の14世紀〜15世紀の銃眼孔は壁面と同一平面にあったが、中世末期には射界を広げるために深く傾斜した朝顔口内部に設置されていた。

イントロダクション
Introduction

地下貯水槽
The underground cistern
中東の十字軍国家でよく見られる特徴は、水源から給水した地下貯水槽だった。シリアのシャステル・ブランでは、ドンジョンの地下貯水槽は1階にある穴から水を汲み上げることができ、塔の扉の外には井戸があった。

攻囲戦に抵抗するために必要不可欠であることはさておき、城での日々の生活には飲料用、洗濯用、料理用、醸造用、掃除用として信頼できる水の供給が非常に重要だった。従って永く存続する城には必ず少なくとも1つは井戸があった。中庭内にある城もあれば、塔のようなさらに頑丈な施設内部に収容されている場合もあった。貯水設備が設置される場合もあり、雨がめったに降らない中東のような地域では特に重要な配慮だった。

井 戸

The well

西ヨーロッパでは井戸はたいてい主要な水源だった。大部分の城の井戸は現在では単なる地中の穴だが、水汲み用の巻き上げ機を収容する上部建造物があったはずである。

アニック城 Alnwick Castle

大半の井戸は実用性の高いものが多かったが、中には明らかに建築上の特徴を持つものもあった。ノーサンバーランドにあるアニック城に現存する珍しい14世紀の井戸は成形アーチ形の下に奥まった3つの柱間のあるアーチ形建造物の形をしている。

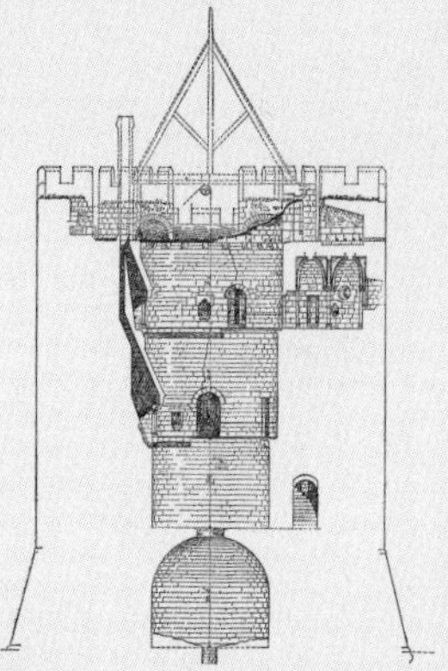

大塔の井戸

The well in the great tower

サウスヨークシャーにあるコニスボロー城にあるように、時として井戸は大塔内に設けられていた。井戸は丸天井付きの地下室の床内部に設置され、2階の高さから穴を通じて汲み上げられた。

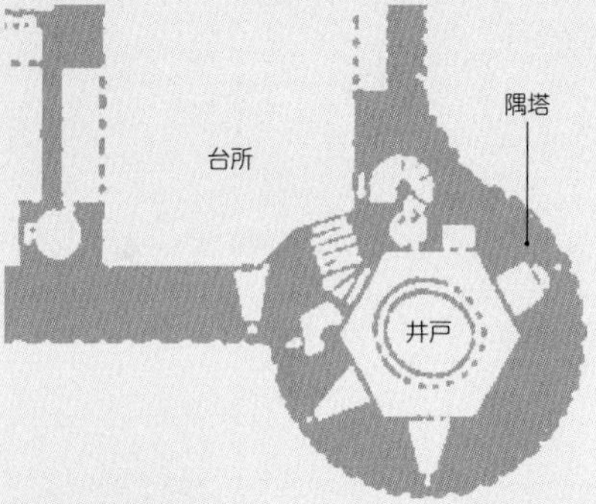

井戸室(平面図)

The well chamber

建物内の井戸の中には、水を汲む準備が必要な場所で特別な個室に収容されているものもあった。サセックスにあるボディアム城では井戸室は台所の横の隅塔の地下にあった。

水盤、流し台、排水口
Lavers, Sinks & Drains

水 盤
The laver
水盤は周囲の装飾的品質を高めるかなり派手な特徴となる可能性があった。この優美な例はカンブリアにあるダクレ城の塔屋敷の2階広間にある。このデザインはこの場合聖水盤とは区別がつかないが、その状況から水盤として設計されたことを表している。

水の使用・排水設備は多くの場合、城の建物内部に設置された。食事前に手を洗うことは重要な儀式で、時として備え付けの手洗い設備が、城壁の外側に排出する水盤—排水口付きの流しを含む壁がん—の形で設置された。排水口は配膳に関連する作業場所でも見受けられる。同様の特徴は同じ原理を取り入れた便器だったが、処理空間がほとんどないことから時として水盤とは区別できる。1つの特徴が時には両方の目的を果たしたことは明らかだ。

便所用の流し台

The latrine sink

流し台は時おり便所に関連して見受けられ、たいていは壁上通路の進入路内部にあり、多くは窓の下にある。その一例がウォリックシアにあるウォリック城の居住用の部屋に現存する。ここでは便所には窓の朝顔口から入り、水盤は窓の下に設置されている。

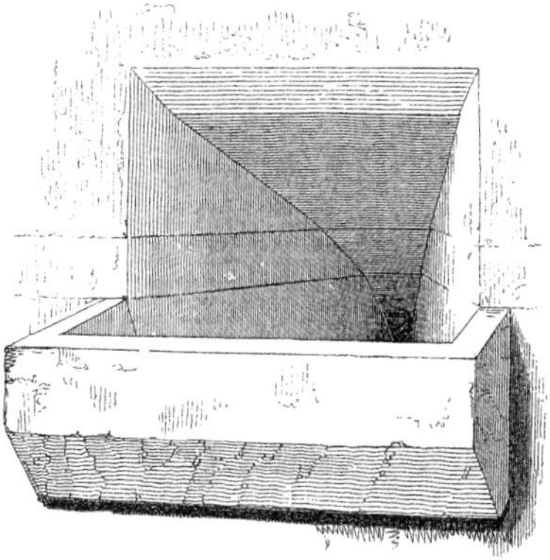

台所用の流し台

The kitchen sink

料理用や掃除用に水を大量に使用する台所では流し台は非常に便利であり、一度使用した水は排出する必要があった。ノーサンバーランドにあるエイドン城の14世紀初期の台所にあるこの流し台の突出した水盤は単純な排水口というよりも流し台としての機能を示している。

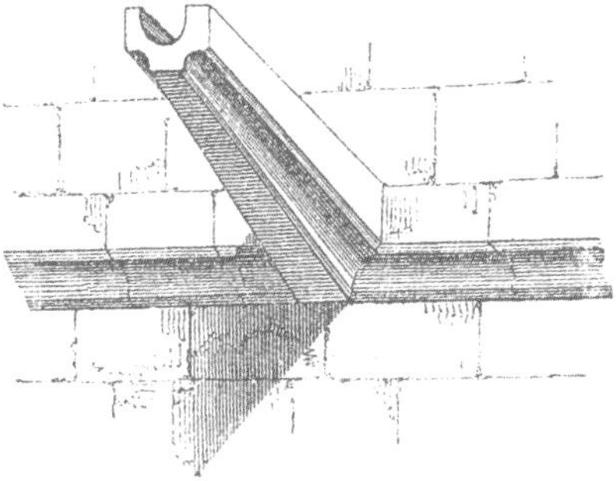

排水口

The drainage spout

建物内の排水口はたいてい外壁上の吐水口やガーゴイルが終点だったが、教会のガーゴイルとはちがってほとんど装飾されていなかった。外部から建物を解釈する際に、内部の配置や部屋の機能を知る手がかりとしてこれらの特徴が役立つことがある。

便所 *Latrines*

持ち送り積み構造の便所
The corbelled latrine

便所はたいてい突出部または小塔内に収容され、排泄物を城外へ廃棄して不快な臭いが消えるように､壁面から持ち送り積み構造で突出していた。フランスのアルザスにあるランズベルグ城からのこの例では、便座は穴の開いた分厚い石板でできている。完全に城壁の外側にあり無防備だが、開口部の正面は吊り下げ式の石で飛び道具から防御されている。

相当数の住民用に設計された城のような大型建築物では、しばしば便所は豊富に設置された。便所の存在はその部屋が住居機能を備えて設計されたことを効果的に表している。便所の設計に影響を与える主要因の1つは定期的な清掃の必要性だった。従って、最小限の手間で排泄物を集めて廃棄できるように、ほぼ必ず外壁上または外壁内部に設置されていた。

断面図

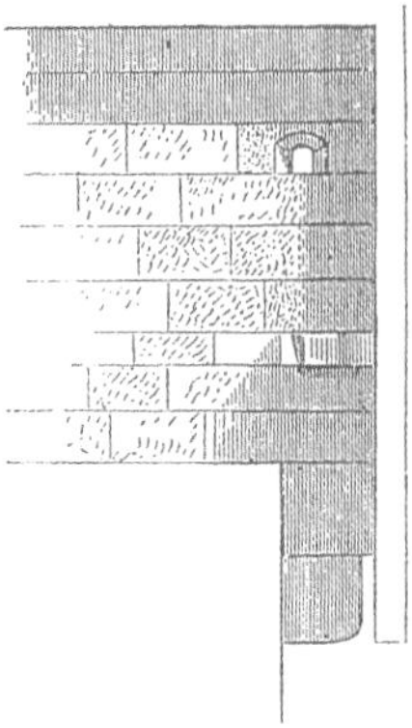

斜視図

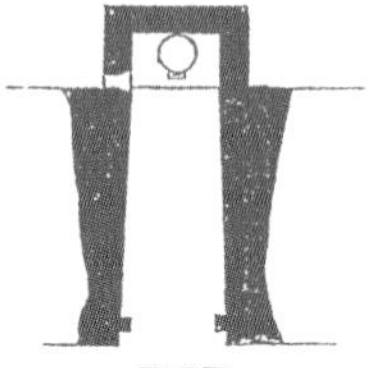

平面図

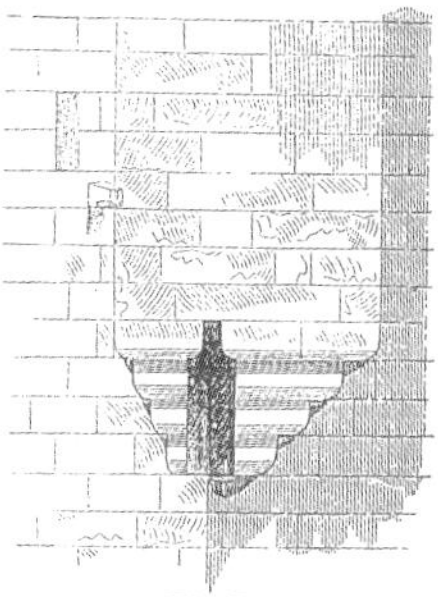

正面図

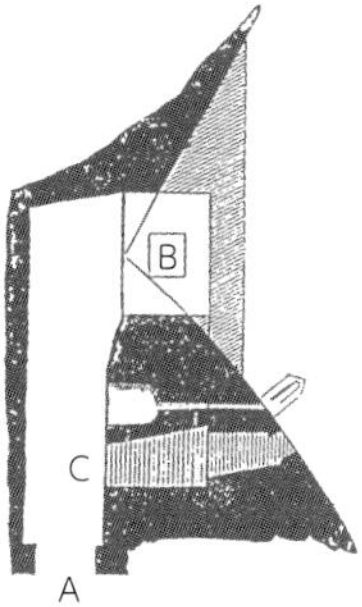

平面図

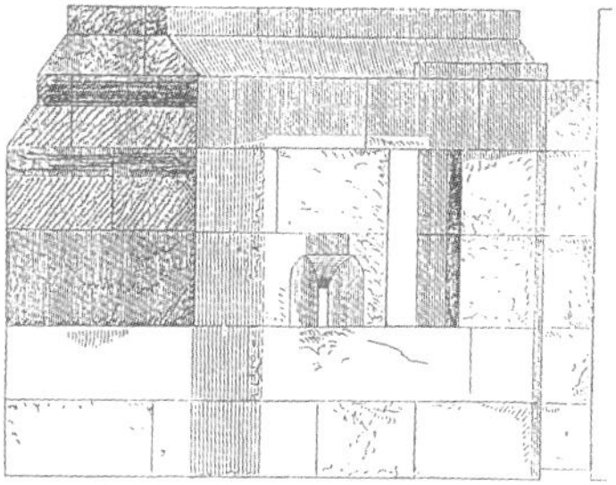

断面図

クーシー城 Château de Coucy

フランスのピカルディーにあるクーシー城の13世紀の便所も持ち送り積み構造だった。幕壁塔と円塔の間の隅部に設置された便所には、必要な突出部を作り出すために、複数の持ち送り積み構造の段層が必要だった。便所には塔の間の階段の踊り場 (A) からと、隣接する居住空間から入室できた。便所は塔と幕壁の間の隅部に向かって突き当りに便座 (B) のある、通路のような壁上の部屋で構成されていた。その部屋には窓 (C) から明かりが差し込み、その隣にあるのは、終点が外部排出口で城壁を越えて排出する壁上排水口付きの便器だった。

便所用小塔 The latrine turret

包囲型突出部または小塔は持ち送り積み構造の便所の突出部の進化形だった。これは汚物を封じ込め、より効率的に排出することができた。イーストヨークシャーにあるレスル城では、そのような小塔が、隅塔と隣の住居区域の間にある隅部に位置している。これらの便所用小塔は1390年頃にさかのぼる。

便所用の塔 *Latrine Tower*

時には便所を一カ所に集める必要性や要望があった。大規模な戦士組織を収容する、北東ヨーロッパにあるドイツ騎士団の修道士用の大規模な城によく見られる特徴は、便所用の塔または城用トイレ設備だった。水路上に設置されたこの設備は城本体から独立していて、人々は高架橋を通って進入した。非宗教的な城の居住区域ではそのような徹底した方式で設置されず、完全に便所に特化した塔は珍しかったが、時おり採用されていた。

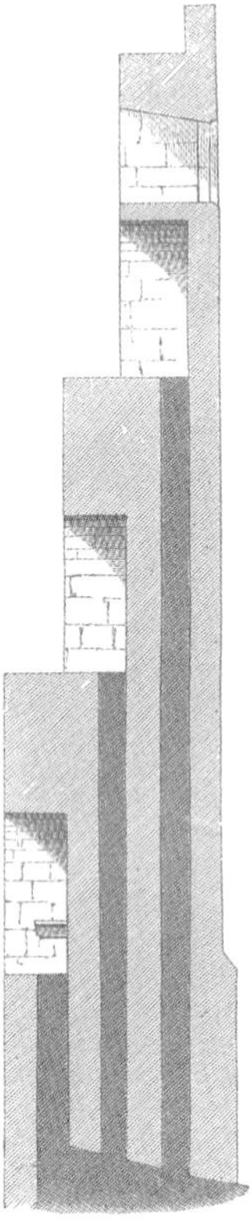

ラングレー城
Langley Castle
非宗教的な便所用の塔の例はノーサンバーランドにあるラングレー城の14世紀中期の城館で見受けられる。4基の突出する隅塔の1つには3階分の共同便所が含まれる。各便所はアーチ形の凹部内に収容され、すべては1階の高さにある共通の窪み内部に排出されて、小川の水で流された。第2、第3の横列はすべての排泄物がスムーズに窪みへ落ちるように、1階下の列よりも後方に設置されている。

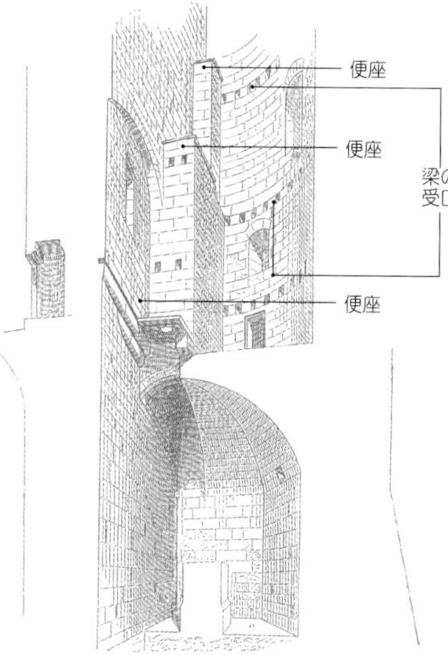

ピエールフォン城

Château de Pierrefonds

パリ近郊のピエールフォン城では1400年頃の別の様式が採用された。ここでは便所用の塔の最下層に窪みを設けていた。この上には塔の片側から反対側へ交互に配列された3階分の共同便所があった。梁の受け口は床の位置を表している。

地下：ピエールフォン城(平面図)

Basement: Château de Pierrefonds

丸天井付きの地下には換気口が組み込まれていて(A)、便所の換気シャフトの下の水路は排泄物の排出を促すように壁(B)を通過して伸びていた。

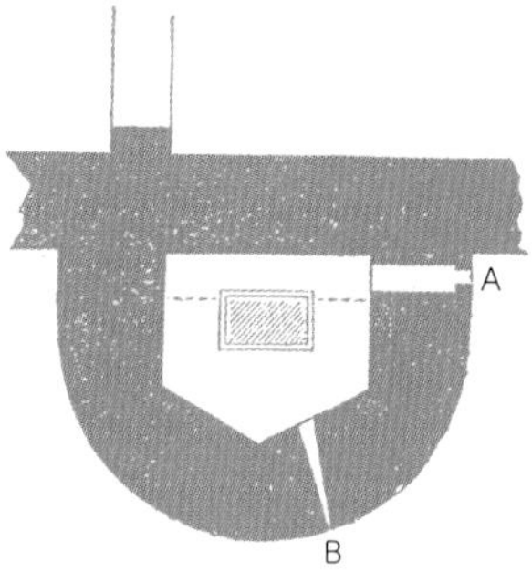

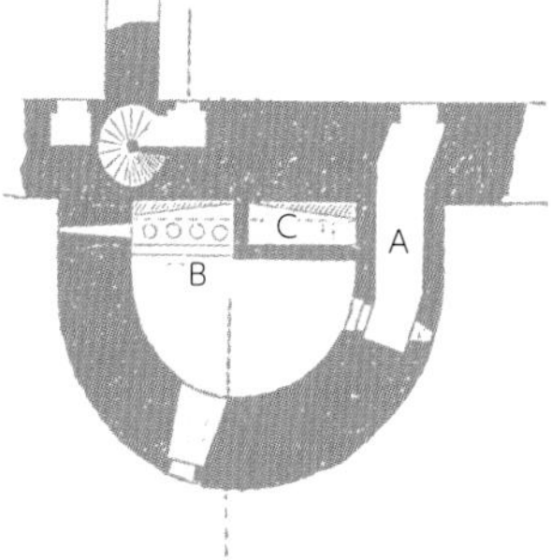

1階：ピエールフォン城(平面図)

Ground-floor: Château de Pierrefonds

地下室の上は1階だった(中庭の高さ)。他の階上にあるのと同じく、便所用の塔には長い壁上通路(A)を通って中に入る構造だった。4つの便座(B)は凹部にあり、上層階(C)から伸びる便所の換気シャフトの隣に位置していた。

イントロダクション
Introduction

開放的な炉床
The open hearth

開放的な炉床は非常に起源の古い1つの特徴だった。多くは大広間―本来は邸宅の共同食堂―を暖房するために使用された。ケント州ペンズハースト・プレイスの大広間にあるように、炉床は石材やタイル材の表面を金属加工して成形され、周囲を縁石で囲まれていた。

城は質素な住居のように思われる場合が多いが、暖炉や煙突という形で、暖房設備が真剣に注目されていたことを示す証拠は豊富にある。しかし機能的に便利である上に、暖炉はたいてい部屋の中心であり、煙突が城の屋根の輪郭線に趣きを付け加えた。これらを考えると、暖炉と煙突はいずれも装飾物であり、他の建築上のディティールと同様に、何世紀にも渡って様式変化の影響を受けていた。その結果、いずれも年代を特定する有力な証拠を示すことができる。

鎧戸

The louvre

開放的な炉床から立ち上る煙は、たいてい屋根上の木枠構造物である鎧戸から消散させた。鎧戸は実用的だが、かなり精巧に装飾した構造物である場合もあった。現在はほとんど残っていない。ここに示す例はロンドンにあるウェストミンスター・ホールの14世紀後期の鎧戸の模写である。

排煙口

The smoke vent

初期の壁際の暖炉から立ち上る煙は煙道で消散させた。これらは壁を通って外壁面へ伸び、四角い排煙口内が終点だった。エセックスにあるコルチェスター城の主塔内のこの1130年頃の例では、風を少しは防ぐために排煙口は控え壁の両側に配置されている。

住居棟の煙突

The lodging chimney

中世後期には、大幅に増加する権力者たちの召使たちを住まわせるために個別の城内住居が急増した。これらの住居の多くには専用の暖炉が設置され、時には戸外で煙突の排気筒が機能していた。こうした状況では、外観の手がかりだけで住居区域が特定できるだろう。

中世初期の暖炉
Early Medieval Fireplaces

暖炉は遅くとも11世紀から城で使用された。初期の暖炉の特徴は、煙が煙突を上るよりもむしろ室内に逃げる可能性を下げるために、奥行きのある壁面の凹部内に設置されていた点である。12世紀後期の暖炉は突出する庇《ひさし》または覆いの下に設置され、その仕組みでは炉床をあまり奥まっていない場所に設置でき、さらに室内に火を持ち込むことで、それによる熱損失を軽減して火の有効性を高めた。

コルチェスター城
Colchester Castle
初期の城の暖炉は、エセックスにあるコルチェスター城のこの1080年代の例のように、多くはアーチ形だった。開口部の枠組みと、半円形の後部に古代ローマ様式のタイルを並べて使用した。このヘリンボーン（杉綾模様）の流行は中世後期に入っても続いた。

ロチェスター城

Rochester Castle

半円アーチ形の暖炉は12世紀に入っても続き、時には当時の扉や窓の開口部の形にも影響を与えている。ケント州にあるロチェスター城の主塔にあるこの1130年頃の例には、柱基と柱頭を備えた柱身があり、そこから成形アーチ形が始まる。他の初期のノルマン様式の暖炉と同じく、煙突の煙道の平面図は半円形である。

ヴォース城

Château de Veauce

12世紀の暖炉では、フランスのオーヴェルニュ地方のヴォース城にあるように、弓形アーチ形が半円アーチ形に代わって登場した。ロチェスター城と同じく、成形アーチ形ははめ込み型の柱身から始まっている。暖炉は壁面から前方へ突出して覆いが付いているため、壁の奥行きはそれほど深くない。

段付継ぎ加工のまぐさ石

The joggled lintel

12世紀後期以降は覆い付きの暖炉が普通だった。サウスヨークシャーにあるコニスボロー城では1190年頃にさかのぼる主塔の上層階で2つの例が見受けられる。いずれも段付き継ぎ加工のまぐさ石が用いられ、継手技術によって大型のまぐさ石は不要となった。

中世後期の暖炉
Late Medieval Fireplaces

13世紀に主流だった覆い付きの暖炉は14世紀に入っても引き続き用いられていた。14世紀後期のイングランドでは人気は衰えていたが、フランスやスコットランドを含む他の国々では依然として使用されていた。14世紀のイングランドでは、持ち送り積み構造のまぐさ石が覆い付きに代わって人気を集めるようになり、低いアーチ形のある暖炉も使用された。高級な宿泊施設が増加し、中世後期の城の特徴である快適さがさらに注目されるようになると、優れた暖炉が急増した。

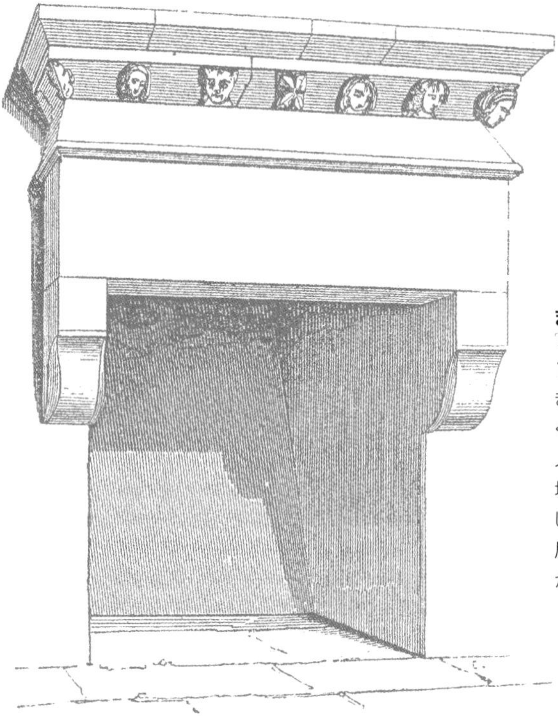

まぐさ石の持ち送り
The lintel corbel
14世紀には13世紀の暖炉の大きな特徴だった柱身に代わって、まぐさ石の持ち送りが主流になった。ノーサンバーランドにあるエイドン城には、一枚岩のまぐさ石と、彫刻した頭部で装飾した炉棚を支える反曲線形の持ち送りを備えた暖炉がある。

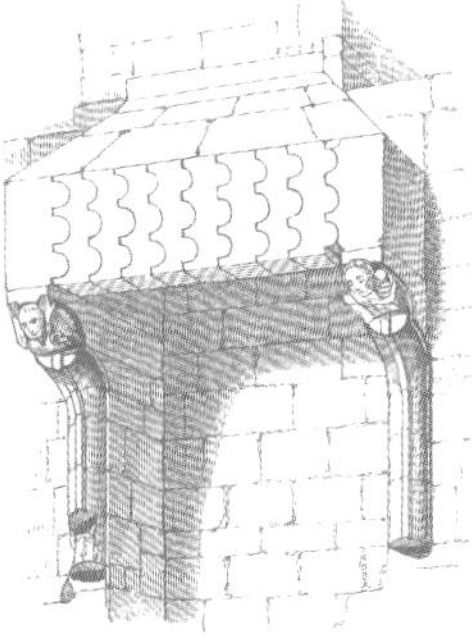

彫刻を施した持ち送り

The sculptured corbel

ノーサンバーランドにあるエディンガム城のこの14世紀の暖炉にあるように、まぐさ石の持ち送りは彫刻を施した装飾品を配置する役割を果たしていたにちがいない。精巧な段付継ぎ加工のまぐさ石は、末端が1組の湾曲した柱身である、彫刻を施した持ち送り上で支持されている。

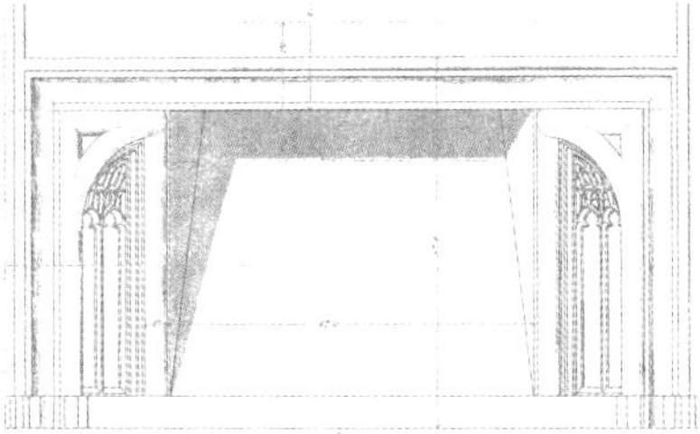

垂直様式

The perpendicular style

ウォリックシアにあるケニルワース城の大広間の暖炉は、1370年代に用いられた垂直様式で建てる重要な建築計画の一部である。傾斜した脇柱は、大胆な丸刳り形《まるくりかた》で枠組みをかたどったトレーサリー付パネルの形で、カーナーヴォンアーチ形の持ち送りを模してまぐさ石の下に形成されている。

ボースヴィック城

Borthwick Castle

スコットランドにあるボースヴィック城の1430年の城館の大広間にあるように、暖炉は建築上の中心となるように用いられたにちがいない。暖炉の巨大構造と覆いの高い「オベリスク」は広間の上端部の大部分を占めている。

チューダーアーチ形 The Tudor arch

四つ葉飾りのパネルのフリーズ（帯状装飾）と装飾を施した一段低いスパンドレルのある低いチューダーアーチ形は15世紀～16世紀初期には人気のある暖炉の形だった。グロスターシアのソーンベリー城にあるこの例は1520年頃にさかのぼる。

煙突 *Chimneys*

12世紀中期になって初めて現在知られているような煙突が出現した。しかし、一度設置されると、純粋な実用的手段として始まった物が装飾的役割を果たし、城の外観に重大な影響を与えることになった。城郭建築のこの景観は証拠としてはもはや多くないが、現存する実例は実際の特徴から導き出される建築上の可能性を印象付ける。

側面排気口を備えた蓋つきの煙突

The capped chimney with side vents

多くの中世初期の煙突では、煙はシャフト側面の排気口から流出し、頂部には円錐形の蓋が取り付けられていた。この種類は12世紀中期まで存在していた。ノーサンバーランドにあるエイドン城の13世紀後期の例は建物の外側にあり、胸壁の上には達していない。

八角形の煙突
The octagonal chimney

八角形の煙突の排気筒は14世紀初期に流行が始まった。その一例がウェールズにあるグロスモント城に現存する。8つの各面には三つ葉模様のアーチ形をした側面の排気口が小型の切妻の下に設置されている。切妻の上にそびえるのは装飾的な棟飾りのついた太短い蓋である。

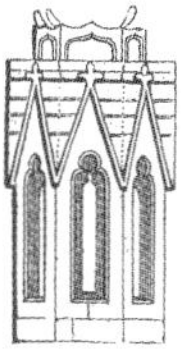

円筒形の煙突
The cylindrical chimney

建物の同じ壁に複数の暖炉がある場所では、屋根の高さに何本もの煙突の排気筒があるにちがいない。シュロップシアにあるストークセイ城の13世紀後期の大塔上には、成形した縁部を備えた2本の円筒形の排気筒がある。円筒形の煙突の排気筒は12世紀中期以降に登場した。

狭間付きの頂部
The crenellated cap

14世紀初期には、狭間付きの頂部を備えた煙突が流行し始めた。ウォリックシアのマックストーク城にある1345年頃の例は、もっと普通の煙突ではなく狭間が2段あって珍しい。この煙突の八角形の断面は城の八角形の隅塔と調和している。

鉄製の冠
The iron crown

鉄製の煙突の蓋の存在はフランスで確認されているが、ほとんど現存していない。例外はフランスにある14世紀後期のシュリー・シュル・ロワール城にある。大広間の切妻の端には、断面が楕円形の石造煙突の排気筒が、先端にフラ・ダ・リ（花の紋章）の頂華のついた鉄製の冠とともに設置されている。

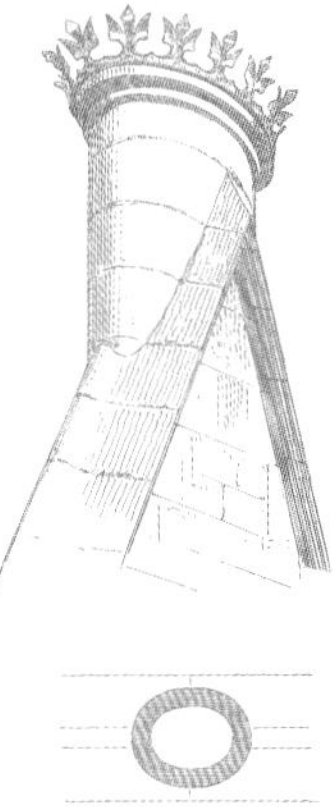

イントロダクション

Introduction

城郭設計の重要な局面は人々が建築物の異なる場所の間でどのように動き回るかということだった。これは城郭設計がさらに複雑になるにつれて中世後期にはいっそう重要視されるようになった。階段室は合理的かつ効率的な連絡経路を構築する必須要素だったが、その価値に見合うほど必ずしも注目されていない。建材、建築技術、空間を効率よく使用することはすべて階段室の発達に影響する検討事項だった。

階段を支えるアーチ形

The supporting arch

城には歩廊に到達する階段が必ず必要だった。これが頑丈な構造物でなければならない場所では、建材を効率よく使用することがよりいっそう必要だった。この例では、階段を硬い土台上に建設する代わりに、ゴシック様式の時代に一般的だった技術的解決策である2つの半円アーチ形上で支えている。

屋根付きの階段室

The covered staircase

大広間が2階にある場所では、たいていは屋根付きの屋外階段室から出入りしたのだろう。ノーサンバーランドにあるエイドン城では、現存する石細工の複数の溝から、広間へ通じる階段室は当初屋根付きの玄関へと上っていったことがわかる。これは後に階段室の大部分を覆う屋根に交換された。

小塔の階段室

The turret staircase

塔の角にある張り出し櫓を上る屋外階段を確実に屋根上に侵入させないために、それらを周辺の壁の頂部に建築するのが一般的だった。しかし時としてこれが不可能な場合があった。ここでの解決策は張り出し櫓の壁内部に階段を建築することだった(これらは後から下に建築された)。

カーライル城

Carlisle Castle

城の階段室は大部分が簡素で機能的だ。だが時には、特別重要だとわかるように並外れた装飾が施されている。カンブリアにあるカーライル城で複数現存する国王の住居棟跡の1つは、内郭にある14世紀の多角形の階段室小塔で、ブラインドトレーサリーで装飾されている。

螺旋階段 *Spiral Stairs*

城内で最も一般的な階段室の使用形態は螺旋階段で、おそらく場所を取らない経済的で柔軟な特性によるものだろう。城内の螺旋階段は、城の防衛側（降りる側）の剣を持つ腕（右側）が自由になって攻撃側（上る側）よりも有利になるように、踏石が時計回りに設計されたことはこれまでの通説である。最近の研究ではこの説が正しいと仮定する正当な理由はないと解釈されている。というのも、時計回り、反時計回りの両方の踏石が記録に残っているからだ。

コルチェスター城
Colchester Castle
螺旋階段は場所を取らず、制約を受ける場合もあったが、広く場所を取れないという理由はなかった。その一例がエセックスにあるコルチェスター城の主塔内にある11世紀の階段室である。分厚い壁内ではなく小塔内に位置するため、広々とした比率で建築できた。

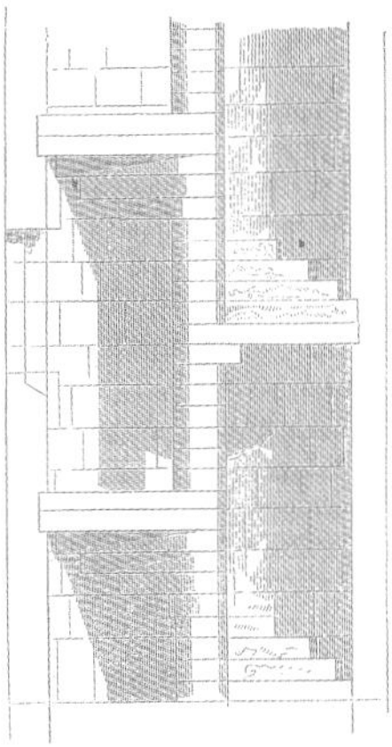

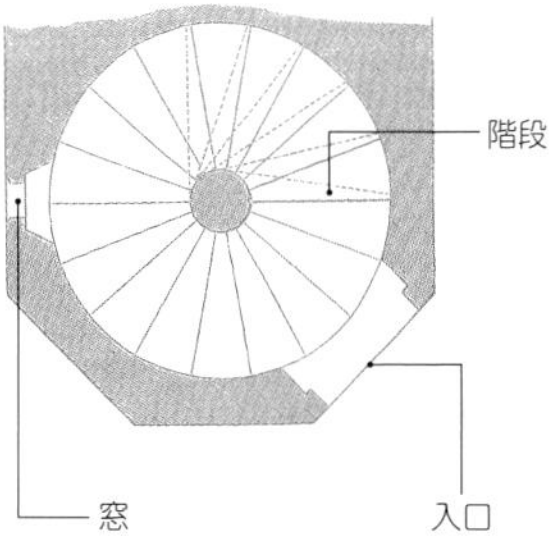

傘型ボールト(右図)

The umbrella vault

螺旋階段の中には階段の親柱で支えられた平坦な石屋根で終わるものもあれば、ノーサンバーランドにあるワークワース城のドンジョン内のこの例のように、丸天井付きのものもあった。傘型ボールトとして知られるこの独特の形は14世紀のイングランド北部で流行した。

一枚の踏石(上図)

The one-piece tread

12世紀末頃に一枚の踏石を採用したことが螺旋階段の建築に革命を起こした。1個の石の厚板から切り出された各階段は親柱の断面と一体化した。建設は非常に簡素化され、丸天井を造る必要がなくなった。

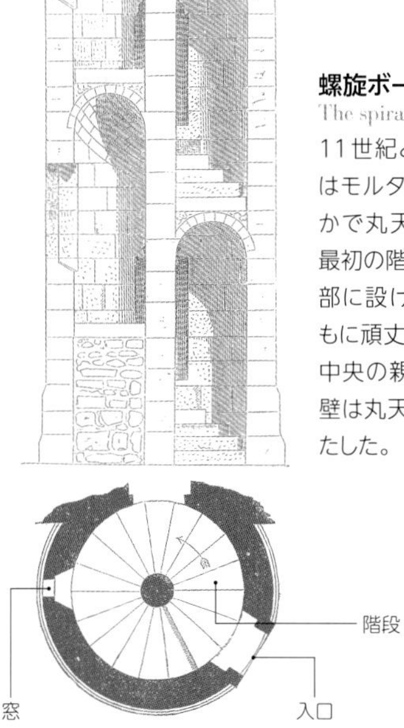

螺旋ボールト(左図)

The spiralling vault

11世紀と12世紀の螺旋階段にはモルタル調合か石材のいずれかで丸天井が設置されていた。最初の階段は、螺旋ボールトの頂部に設けられた後続の階段とともに頑丈な基盤上に建築された。中央の親柱と階段の吹き抜けの壁は丸天井用の迫台の役割を果たした。

直線の階段室 *Straight Stairs*

螺旋階段は城と最も関係の深い様式だったが、直線の階段室も一般的だった。多くの場合、分厚い壁内に建築された直線階段は螺旋階段よりも建築が簡単で、状況によって、時としてさらに都合よく連絡経路を作り出すことができた。大塔の上層階にある主要玄関への通路は、直線の階段室の形であれば、より良く統制でき、円筒形の大塔では「直線の」壁上階段室は階層間を上るためにしばしば螺旋状で用いられた。

ライジング城

Castle Rising

城の階段室の大部分は非常に実用的な種類のものだが、一方で壮麗な印象を作り出すために用いられた階段の例も多数あった。そうした一例がノーフォーク州のライジング城にあった。12世紀の主塔内部への主要通路は大規模な儀式用階段室の形状である。

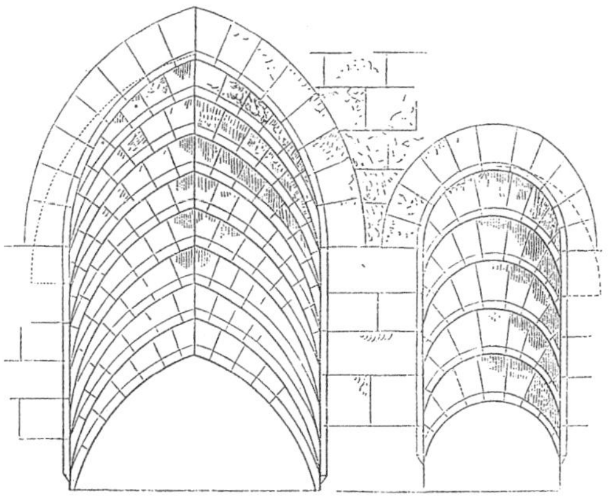

アーチ形で覆われた階段室（上図）

The arched staircase

直線の壁上階段室の建築家たちは、頭上の頑丈な壁材によって生じる推力にどう対処するかという問題に直面した。広い階段室用の最も構造上の騒音解決策は、階段に対して同じ高さにそびえて上昇する一連のアーチ形で階段室を覆うことだった。

持ち送り積み構造の天井（下図）

The corbelled ceiling

狭い壁上階段室に屋根を付ける際には、持ち送り上で支えられた一連のまぐさ石という、丸天井に比べて技術的により簡単で費用効率の高い代替方法を採用することが安全だった。アーチ形ほどの強度はなかったが、限られた距離の空間には申し分なかった。

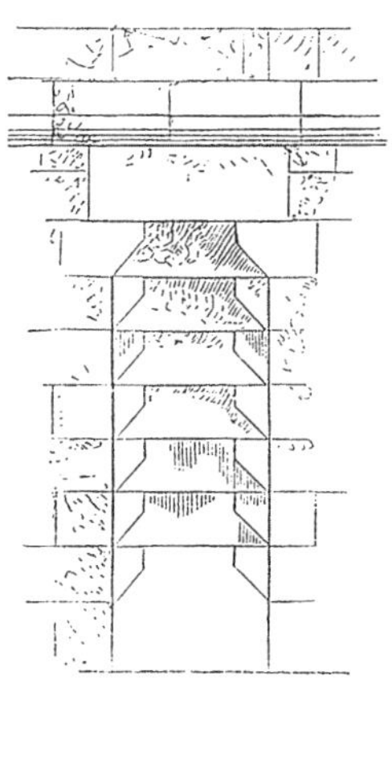

用語解説 *Glossary*

朝顔口
窓用に設けた城壁内の傾斜した開口部。狭間の別名としても用いられる。

アプス(後陣)
建物の突出部で、たいていは半円形の平面図で、丸天井付きである。

石落とし(張り出し櫓)
基部に飛び道具を落とすことができる溝を備えた壁の頂部に突き出した石造回廊。

裏門
主要な城門に追加した小さな城門。

円筒形の塔
円筒形の突出する城壁塔。

オイレット
射眼用の末端やそれ自体銃眼として使用される円形の開口部。

大広間
中世の邸宅の主要な部屋で、共同食堂として使用された。

落とし格子
脇を固める石造物の溝間の垂直面上で操作される重い格子状の門。

回廊
高所にある屋根付きの通路。

外堡《がいほ》
楼門の正面に建てられた補足的な城の防衛施設。

外塁
主要な防衛施設の外側に設置された小型要塞。

笠石
城壁頂部の石

環状構築物(リングワークス)
木造の包囲城の土塁遺跡に付けられた名前。

胸壁
歩廊の防壁の頂部にある石壁。

切石
緊密に結合した水平方向に並ぶ正確な長方形の成形ブロックで構成される石細工。

クレムリン
ロシアの町の要塞。

傾斜面
転びよりもかなり高い場所にそびえる壁の傾斜基部。

攻囲する
武力によって城を包囲し、食料や水の供給を寸断して、占拠者に要求に応じるか降伏して城を明け渡すかを迫ること。

ゴシック様式
中世後期のフランスで始まり、ヨーロッパ全土で採用された建築様式。主に教会や聖堂で見られるが、城、ホール、大学、その他の重要な公共建築物にも用いられた。ゴシック様式は尖頭アーチ形や丸天井の使用や、光の可能性に関心があることが特徴である。ゴシック様式への関心は18世紀～19世紀に再流行した。

腰巻壁
多くは塔などの背の高い建物を囲む補助壁。防弾盾としても知られる。

転び
城の防衛力を高めるために追加された壁の傾斜基部。

殺人孔
通常は城門上の天井や床に設けられた開口部で、そこから飛び道具の発射用や、消火用水の水路として使用した。

シェル・キープ
モットの頂上を包囲する石壁。

軸棒
蝶番やヒンジの一部として使用されるピンまたはボルト。

射眼
城の防衛側が矢を放つ傾斜した側面のある狭い垂直の開口部。

射水路
消火用に注水できるように城壁内に設置された傾斜水路。

シャステル
城を表す古いフランスの語

シャトー
マナーハウスや城を表すフランス語

銃眼
銃の発射用に設計された城壁内の開口部。

銃眼付きの胸壁
「狭間付き胸壁」欄を参照。

十字軍
ヨーロッパのキリスト教国家と、小アジアおよび東部地中海沿岸諸国のイスラム教国家との間で勃発した一連の聖戦。

縦射
連続して銃や矢を発射すること。

出撃門
城の防衛側が敵に攻撃を仕掛けるために使用する裏門の一種。

主塔
城内の主要な塔。ドンジョン、大塔としても知られる。

城郭
町や城の周囲を囲む一連の環状要塞。

城塞
城壁で囲まれた都市内部の城のような要塞。

小塔
城壁から突出する小型の塔。

城壁通路
「歩廊」を参照。

鐘楼
鐘を収容するために建てられた教会の塔の一種。

スパンドレル
2つのアーチ形の間、またはアーチ形と四角形で囲まれた部分の間の空間。

迫石《せりいし》
アーチ形やボールトの構造に用いられるくさび形の部材。

前室
入口を収容して防御する城の主塔からの突出部。

ソーラー
中世の邸宅内の上層階に位置する居室。

大塔
「主塔」を参照。

大投石器
ねじれの原理で操作する投石器。

中世
ローマ帝国の崩壊~ルネッサンスまでのヨーロッパの歴史の一時代。時代の正確な定義は諸説様々だが、本書の主旨では12世紀初期~16世紀中期の時代を指す。

柱頭
円柱頂部の特徴。円柱の支持表面部分が広がり、装飾が施される。

天守閣
日本の城の主塔。

同一中心型の城
2つの同一中心型の幕壁の外周がある城。

倒壊
防御不能の状態にするために要塞を意図的に破壊すること。

投石器
釣り合い錘の原理で操作される攻囲兵器。

突起
壁、屋根、その他の表面からの突出部。

突起(こぶ出し)加工
「突起付きの石細工」を参照。

土塁
城の建築に使用された溝、土手、小丘、その他の人工的な土の構造物。

突起付きの石細工
突起が表面から突出している石材。

凸壁
狭間付き胸壁の一段高い部分。

トレ
スペイン語、イタリア語、ポルトガル語で使用される塔を表す言葉。

トレーサリー
ゴシック様式の窓にある石細工や木細工の空間の模様。

ドンジョン
「主塔」を参照。

狭間
狭間付き胸壁の石細工の一段高い部分の間にある隙間。朝顔口としても知られる。

狭間付き
狭間付き胸壁を用いて防備を固めること。

狭間付胸壁
一段高い部分と隙間とが交互に並んだ防御可能な胸壁。

はしご登り
多くの場合はしごで防壁や塁壁を登ること。

用語解説 *Glossary*

破城槌
先端を補強した分厚い円柱からなる破城槌。門やその他の木造の砦を打破するために使用された。

跳ね橋
入口正面の堀に架かる橋。跳ね橋は入城を妨害するために引き上げたり持ち上げたりすることができた。

半月堡
攻撃側の勢力を寸断するために設計された尖頭形の砦。

バーグ
複数のゲルマン語で使用される要塞を表す言葉。

控え壁
建物の壁を補強または支柱で支えるための壁の局部的な分厚さ、または壁からの突出部。

日除け付拱廊
開口部のないアーチ形で、装飾として壁面に付け加えられている。

ベイリー（郭）
幕壁または矢来によって囲まれた城の中庭。

ペトラリー
投石器

ベルフリー
城を攻撃する際に使用した可動式の木造攻囲塔。

包囲攻撃兵器
城の防御を打破する目的で設計された兵器。

包囲城
主塔のない城。

防弾盾（マントレット）
「腰巻壁」を参照。

防塁
「稜堡」欄を参照。

ホールキープ
1階の平面図に比例して低い主塔。

堀
時には水をたたえた、城を取り囲む深く広い溝。

歩廊
胸壁の背後にある壁の頂部を周回する通路で、戦闘用砲台として使用され、城壁通路としても知られる。

幕壁
城を取り囲む主要な壁。

まぐさ石
窓や扉のような開口部の上部に架かり、通常は荷重を支える水平材料。

持ち送り
下方向への荷重に耐えるように壁に造られた石材の突出部。胸壁、櫓、石落とし、小塔を支えるために使用された。

モット（小丘）
塔、矢来、その他の建物を建てる土台として使用された小山。

櫓
防御態勢を取る城壁の頂部に設置される一時的または常設の木造の張り出し回廊。

山城
日本の山頂にある城。

矢来
城郭を包囲する木造の杭で作った防御用の柵。

擁壁
土手の補強用として使用される壁。

稜堡
城壁の外側突出部で、建物用の広角防衛施設を作り出す。防塁としても知られる。

楼門
城への城門を含む要塞化した建造物。

脇柱
扉、窓、暖炉のような開口部の側面を形成する垂直材料。

参考資料 *Resources*

Books

Creighton, Oliver. *Castles and Landscapes: Power, Community and Fortification in Medieval England*. Sheffield: Equinox, 2005.

Creighton, Oliver. *Early European Castles: Aristocracy and Authority, AD 800–1200*. London: Bristol Classical Press, 2012.

Emery, Anthony. *Greater Medieval Houses of England and Wales*, 3 volumes. Cambridge: Cambridge University Press, 1996–2006.

Goodall, John. *The English Castle 1066–1650*. Newhaven and London: Yale University Press, 2011.

Higham, Robert And Barker, Philip. *Timber Castles*. London: Batsford, 1992.

Impey, Edward. *The White Tower*. Newhaven and London: Yale University Press, 2008.

Kennedy, Hugh. *Crusader Castles*. Cambridge: Cambridge University Press, 1994.

Kenyon, John. *Medieval Fortifications*. London and New York: Continuum, 2005

Liddiard, Robert. *Castles in Context: Power Symbolism and Landscape, 1066 to 1500*. Macclesfield: Windgather Press, 2005.

Mcneill, Tom. *Castles*. London: Batsford, 2006.

Mesqui, Jean. *Châteux et Enceintes de la France Médiévale: De la défense à la résidence*, 2 volumes. Paris: Picard, 1991–1993.

Mesqui, Jean. *Châteux Forts et Fortifications en France*. Paris: Flammarion, 1997.

Web sites

www.casteland.com
Gazetteer of castle sites in France.

www.castlesofspain.co.uk
Information on Spanish castles.

www.castlestudiesgroup.org.uk
Web site of the Castle Studies Group in the UK.

www.consorziocastelli.it
Gazetteer of castles in Italy.

www.gatehouse-gazetteer.info
Gazetteer of castle sites in England and Wales.

地名索引 *Index*

索引 *Index*

さ

索引 *Index*

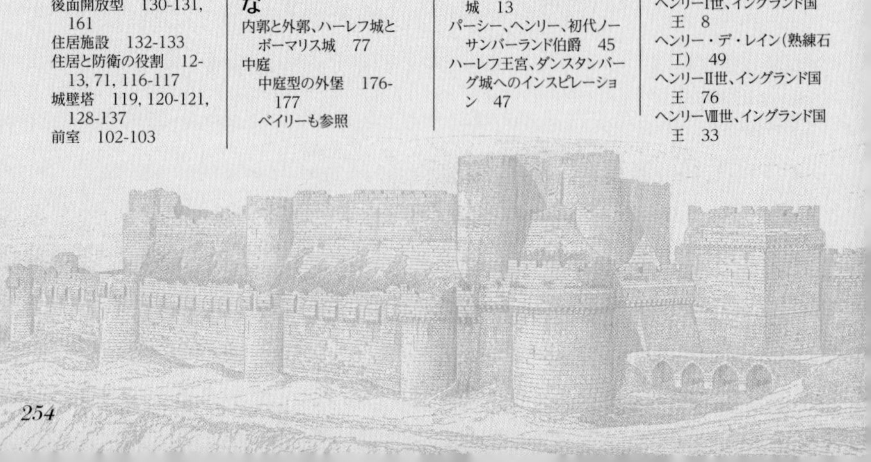

The publisher would like to thank the following individuals and organisations for their kind permission to reproduce the images in this book. Every effort has been made to acknowledge the pictures, however we apologise if there are any unintentional omissions.

Clipart Images/Clipart.com: 89BR.
Dover Publications Inc./Castles: Their Construction and History by Sidney Toy: 33, 43TL, 46, 47, 49T, 75, 77, 85, 97, 107, 113, 119, 123, 127, 144, 145, 159, 165, 169, 173, 177, 200, 201, 221, 223.
Fotolia/Morphart Creation: 87BL.
Getty Images/Hulton Archive: 7, 42; Universal Images Group: 47BL.
Adam Hook: 68, 72.
Alamy/Lebrecht Music and Arts Photo Library: 14.
Library of Congress: 50.
Mary Evans Picture Library/BeBa/Iberfoto: 26.
Shutterstock/Morphart Creation: 20, 34, 91BL; Hein Nouwens: 23, 37, 44, 91BR.
Peter Scolefield: 45.
Thinkstock/Getty Images: 22.
Steven Turnbull: 23BL.

HOW TO READ CASTLES 歴史的古城を読み解く

This book was conceived, designed, and produced by
Ivy Press
www.ivy-group.co.uk
CREATIVE DIRECTOR Peter Bridgewater
PUBLISHER Jason Hook
EDITORIAL DIRECTOR Caroline Earle
ART DIRECTOR Michael Whitehead
SENIOR EDITOR Stephanie Evans
ASSISTANT EDITOR Jamie Pumfrey
DESIGN JC Lanaway
Color origination by Ivy Press Reprographics

発　　行　2014年6月20日
発 行 者　平野　陽三
発 行 所　株式会社**ガイアブックス**
〒169-0074 東京都新宿区北新宿 3-14-8
TEL.03(3366)1411　FAX.03(3366)3503
http://www.gaiajapan.co.jp

ISBN978-4-88282-912-6 C0052

Printed in China

著者：
マルコム・ヒスロップ
(Malcolm Hislop)
考古学コンサルタント。歴史的建築物の調査・解釈に30年以上の経験をもつ。ノッティンガム大学で歴史と考古学を研究、14世紀のダラムの建築家ジョン・ルーウィンの建築作品に基づく博士号論文を発表。中世の設計および建築工程に特に高い関心をもち、学術雑誌に中世の建築物に関する記事を定期的に寄稿している。主な著書に、『Medieval Masons』『How to build a Cathedral』がある。

翻訳者：
桑平 幸子（くわひら さちこ）
京都女性大学短期大学部文科英語専攻卒業。訳書に、『テキスタイルパターンの謎を知る』『橋の形を読み解く』（いずれもガイアブックス）など。